保健体育

イラストで見る

全単元・全時間の授業のすべて

全単元・全時間
の授業のすべて

中学校**1**年

森 良一・石川泰成・高橋修一 編著

東洋館
出版社

はじめに

　人工知能、ビッグデータ、IoT 等の技術の急速な進展、高度化とともに、あらゆる産業や社会生活の在り方そのものが劇的に変わる「Society5.0」時代の到来が予測されています。また、急激な少子高齢化が進み、成熟社会を迎えた我が国には、一人一人が持続可能な社会の担い手として、質的な豊かさを伴った個人と社会の成長につながる新たな価値を生み出す力が期待されています。こうした社会背景等のもとに、学校教育では社会の変化に主体的に関わり、感性を豊かに働かせながら、他者と協働して新たな価値の創造に挑む生徒の育成が求められています。

　平成29年改訂の学習指導要領では、これまでも育成を目指してきた「生きる力」が、教育課程全体を通して育成する資質・能力として「知識及び技能」「思考力、判断力、表現力等」「学びに向かう力、人間性等」の３つの柱で再整理されました。学習指導においては「何のために学ぶのか」を加え、具体化した３つの資質・能力の目標・内容を相互に関連付けた授業展開が求められることでしょう。

　また、生涯にわたり能動的に学び続けるための資質・能力を身に付けるためには、「どのように学ぶのか」にあたる、学びの質を高めるための授業改善の取組、いわゆる「主体的・対話的で深い学び」に向けた授業改善の推進が求められています。学習指導要領解説には６点にわたり留意事項が示されていますが、ここではその一部を抜粋して以下に示すことにします（下線は筆者）。

● **１回１回の授業で全ての学びが実現されるものではなく、単元や題材など内容や時間のまとまりの中で、学習を見通し振り返る場面をどこに設定するか、グループなどで対話する場面をどこに設定するか、児童生徒が考える場面と教師が教える場面をどのように組み立てるかを考え、実現を図っていくものであること**

　生徒の資質・能力の育成に向けて、授業実践を行う先生方には、今後一層、カリキュラム・マネジマントや単元を設計、デザインする力の向上が期待されると言えそうです。

　さて、本書では、学習指導要領改訂の背景や趣旨等を踏まえ、まず、中学校保健体育科、３年間の指導計画モデルを提示することといたしました。また、それに基づく全学年、全分野、領域における「単元の指導と評価の計画」を示します。さらに、具体的な学習活動、学習カード等を示し、教員の指導や生徒の学習活動がイメージしやすいようにしたことを特徴としています。どれも、確かな専門的知見や豊かな実践経験をもとにご執筆いただいた事例です。どのページからでもご覧いただき、皆様の実践がより質の高いものとなり、「生涯にわたって心身の健康を保持増進し豊かなスポーツライフの実現」に向けた実践の一助となれば幸いです。

　最後になりましたが本書発行に当たり、ご自身の研究成果や実践をまとめてくださった執筆者の皆様、本書刊行の機会を与えていただきました東洋館出版社に心よりお礼申し上げます。

令和４年３月吉日　　　石川　泰成

本書活用のポイント

　各単元のはじめに新学習指導要領に基づく指導・学習の見通しを示し、それ以降のページは、各時間の授業の展開、学習活動の進め方、指導上の留意点がひと目で分かるように構成している。

単元・領域・運動種目等・配当時数

　年間指導計画をベースに、領域・運動種目等・配当時数を示している。

単元の目標

　単元の目標は「知識及び技能」「思考力、判断力、表現力等」「学びに向かう力、人間性等」ごとに示している。体育分野では、学習指導要領「2　内容」を踏まえ、第1学年及び第2学年の目標を全て記述した上で、他の単元で指導し評価する部分については、（　）で示している。

単元の評価規準

　単元を通して何を評価するのか、「知識・技能」「思考・判断・表現」「主体的に学習に取り組む態度」の三観点ごとに、評価規準を記載している。各項目の丸数字は、単元計画（指導と評価の計画）の「評価計画」欄の丸数字に対応している。

単元計画（指導と評価の計画）

　単元の指導時数及び展開の流れを表で示している。それぞれの展開ごとに、具体的な学習内容や活動の概要を示している。また、評価計画も示し、それぞれの展開で三観点の何を評価するかが理解できるようになっている。

本書活用のポイント

002

本時案

体育分野と保健分野

下記は体育分野の授業展開を示している。保健分野は板書例をもとに４段階で授業を展開している。

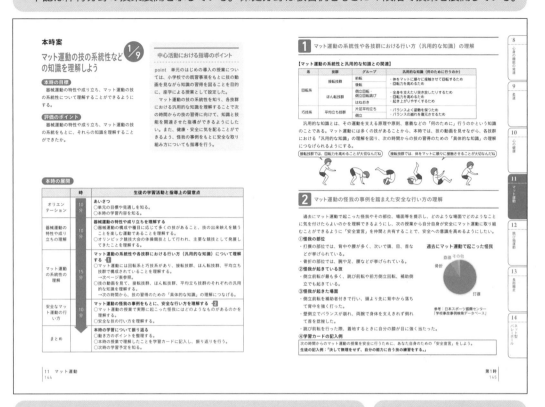

本時の目標・評価のポイント

本時の目標は、単元の目標・内容からこの時間に全ての生徒が達成を目指す目標を精選して示している。また、評価のポイントは、その授業で「本時の目標」を達成するための評価の視点を示している。

中心活動における指導のポイント（体育分野）

本時の中心となる活動を指導する際、「技能面でどのようなことがポイントとなるか」「グループなど環境をどう構成していくか」「タブレット端末等をどのように活用するか」など、指導上の留意点や配慮事項を示している。

本時の展開

授業の流れに沿って、本時の展開が、時系列に示されているので、本書を活用するとき具体的な授業の流れをイメージできる。

これを参考に生徒の学びを深めるための授業を展開してほしい。

展開に関わるイラスト・学習カード等の解説

イラストは、コピーして生徒に提供が可能である。資料によっては拡大して添付したり、情報ツール（タブレット端末等）と併用したりすることで、対話的な学びに役立てることができる。アイコン表示のある学習カード等はダウンロードすることができる（ダウンロードの方法は P.181参照）。

イラストで見る全単元・全時間の授業のすべて

保健体育 中学校1年
もくじ

1

第1学年における
指導のポイント

豊かなスポーツライフの実現と生涯にわたる心身の健康の保持増進を目指して！

1 中学校 保健体育科の改訂の概要

　今回の中学校保健体育科の改訂においては、心と体を一体として捉え、生涯にわたる心身の健康の保持増進や豊かなスポーツライフの実現を重視して目標や内容の改善が図られました。具体的には、生涯にわたって運動やスポーツに親しみ、スポーツとの多様な関わり方を場面に応じて選択し、実践することができるよう、「知識及び技能」「思考力、判断力、表現力等」「学びに向かう力、人間性等」の育成を重視するとともに、個人生活における健康・安全についての「知識及び技能」「思考力、判断力、表現力等」「学びに向かう力、人間性等」の育成を重視して改善が図られています。

　保健体育科の目標については、「知識及び技能」「思考力、判断力、表現力等」「学びに向かう力、人間性等」を育成することが明示されました。これは、「幼稚園、小学校、中学校、高等学校及び特別支援学校の学習指導要領等の改善及び必要な方策等について（答申）」（中央教育審議会　平成28年12月21日）において、学校教育法第30条2項の規定を一層明確化するため、全ての教科等において資質・能力の3つの柱を踏まえ、各教科等に共通した目標の示し方としたためです。

　体育分野の内容構成については、育成を目指す資質・能力を明確にするとともに、豊かなスポーツライフを実現する資質・能力を育成する観点から、運動に関する「知識及び技能」、運動課題の発見・解決等のための「思考力、判断力、表現力等」、主体的に学習に取り組む態度等の「学びに向かう力、人間性等」に対応した内容が示されています。

　また、児童生徒の発達の段階を踏まえて、学習したことを実生活や実社会に生かすとともに運動の習慣化につなげ、豊かなスポーツライフを継続することができるよう、小学校、中学校、高等学校を通じた系統性を踏まえて、指導内容の体系化が図られています。なお、領域については、従前通り「体つくり運動」「器械運動」「陸上競技」「水泳」「球技」「武道」「ダンス」及び「体育理論」の計8つで構成されています。

　保健分野の内容構成については、「保健の見方・考え方」を働かせて、保健に関する資質・能力を育成する観点から、健康に関する「知識及び技能」、健康に関する課題の発見・解決等のための「思考力、判断力、表現力等」に対応した内容が示されています。また、従前の内容を踏まえて「健康な生活と疾病の予防」「心身の機能の発達と心の健康」「傷害の防止」及び「健康と環境」の4つの内容で構成されています。

2 体育分野における改訂のポイント

⑴ 体育分野で育成を目指す資質・能力

　今回の改訂では、『中学校学習指導要領（平成29年告示）解説　保健体育編』には、体育分野の改訂のポイントとして、次の4点が示されています。

　　・体育分野においては、育成を目指す資質・能力を明確にし、生涯にわたって豊かなスポーツラ

イフを実現する資質・能力を育成することができるよう、「知識及び技能」、「思考力、判断力、表現力等」、「学びに向かう力、人間性等」の育成を重視し、目標及び内容の構造の見直しを図ること。

・「カリキュラム・マネジメント」の実現及び「主体的・対話的で深い学び」の実現に向けた授業改善を推進する観点から、発達の段階のまとまりを考慮し、各領域で身に付けさせたい具体的な内容の系統性を踏まえた指導内容の一層の充実を図るとともに、保健分野との一層の関連を図った指導の充実を図ること。

・運動やスポーツとの多様な関わり方を重視する観点から、体力や技能の程度、性別や障害の有無等にかかわらず、運動やスポーツの多様な楽しみ方を共有することができるよう指導内容の充実を図ること。その際、共生の視点を重視して改善を図ること。

・生涯にわたって豊かなスポーツライフを実現する基礎を培うことを重視し、資質・能力の三つの柱ごとの指導内容の一層の明確化を図ること。

　体育分野の内容については、前述の通り「知識及び技能」「思考力、判断力、表現力等」「学びに向かう力、人間性等」で示されています。特に、「学びに向かう力、人間性等」については、生涯にわたる豊かなスポーツライフの実現に向けた体育学習に関わる態度に対応した、公正、協力、責任、参画、共生及び健康・安全の具体的な指導内容を示していることから、これらを確実に指導して評価することが必要となるのです。

　指導内容については、小学校段階との接続及び高等学校への見通しを重視し、系統性を踏まえた指導内容の見直しが図られていることや、豊かなスポーツライフの実現を重視し、スポーツとの多様な関わり方を楽しむことができるようにする観点から、体力や技能の程度、性別や障害の有無等にかかわらず、運動やスポーツの多様な楽しみ方を共有することができるよう、共生の視点を踏まえて指導内容が示されています。学習指導要領解説を踏まえ、指導内容を再度確認してください。

　また、指導と評価の一体化を一層推進する観点から、全ての指導内容で「例示」が示され、指導内容が明確化されています。明確になった指導内容を確実に身に付けさせるために、指導と評価の機会や方法を十分検討することが重要となります。

　なお、生涯にわたって健康を保持増進し、豊かなスポーツライフを実現する資質・能力の育成を重視する観点から、健康な生活と運動やスポーツとの関わりを深く理解したり、心と体が密接につながっていることを実感したりできるようにすることの重要性が改めて示されるとともに、体育分野と保健分野の関連を図る工夫の例が新たに示されています。

⑵　体育分野における学習評価の考え方

　観点別学習状況の評価は目標に準拠した評価であることから、学習指導要領の内容に則って設定することが重要です。また、観点別学習状況の評価を円滑に進めるためには、①内容の取扱いを踏まえ3年間を見通した年間指導計画を作成すること、②学習指導要領を踏まえ「内容のまとまり」ごとに指導事項をバランスよく配置すること、③明確化された指導内容の「例示」から「全ての単元の評価規準」を作成すること、④当該単元の「単元の評価規準」を作成すること、⑤指導と評価の計画を作成することなどの手順を踏むことが重要となります。

　体育分野の「知識・技能」の「知識」の評価においては、主に学習ノート等に記述された内容から評価を行うことから、指導から期間を置かずに指導した時間に評価材料を収集することや、生徒の発言等の観察評価によって得られた評価情報を加味して評価の妥当性、信頼性を高める工夫が考えられます。また、「技能」の評価においては、学習指導要領に示された「技能」の内容について指導し評価することが大切です。なお、技能の獲得には一定の学習機会が必要となることから、指導後に一定の学習期間を置いて評価期間を設けるなどの工夫が必要となります。

「思考・判断・表現」の評価については、知識及び技能を活用して課題を解決する等のために必要な思考力、判断力、表現力等を身に付けているかどうかを評価するものであることから、習得した知識や技能をもとに思考・判断・表現しているかを記載できる学習カード等を工夫することや、思考・判断・表現することができる場面を設定することが大切です。また、主に学習ノート等に記述された内容から評価を行うことから、指導から期間を置かずに指導した時間に評価材料を収集することが必要となります。

「主体的に学習に取り組む態度」の評価については、学習指導要領に示された「学びに向かう力、人間性等」の内容について確実に指導すること、指導した内容を実践しようとしているかを評価できる活動を工夫することが大切です。また、態度の育成には一定の学習機会が必要となることから、指導後に一定の学習期間を置いて評価期間を設けるなどの工夫が必要となります。

なお、1単位時間の評価規準の数については、教師が無理なく生徒の学習状況を的確に評価できるように評価規準を設定し評価方法を選択すること、「技能」と「主体的に学習に取り組む態度」は観察評価が中心であり、同時に評価を行うことが困難であるため同一時間には設定しないことなどにも留意しましょう。

3 保健分野における改訂のポイント

(1) 保健分野で育成を目指す資質・能力

今回の改訂では、『中学校学習指導要領（平成29年告示）解説　保健体育編』には、保健分野の改訂のポイントとして、次の3点が示されています。全ての教科等で「知識及び技能」「思考力、判断力、表現力等」「学びに向かう力、人間性等」の3つの資質・能力の育成を目指すこととなりましたが、保健分野においても、1つ目に「知識及び技能」「思考力、判断力、表現力等」「学びに向かう力、人間性等」の3つの資質・能力に対応した目標や内容に改善されたことが明確にされました。

『中学校学習指導要領（平成29年告示）解説　保健体育編』
・保健分野においては、生涯にわたって健康を保持増進する資質・能力を育成することができるよう、「知識及び技能」、「思考力、判断力、表現力等」、「学びに向かう力、人間性等」に対応した目標、内容に改善すること。
・心の健康や疾病の予防に関する健康課題の解決に関わる内容、ストレス対処や心肺蘇生法等の技能に関する内容等を充実すること。
・個人生活における健康課題を解決することを重視する観点から、健康な生活と疾病の予防の内容を学年ごとに配当するとともに、体育分野との一層の関連を図った内容等について改善すること。

このことを踏まえて、保健分野においても、次のように目標が示されています。

中学校学習指導要領保健体育　保健分野　1目標
(1)個人生活における健康・安全について理解するとともに、基本的な技能を身に付けるようにする。
(2)健康についての自他の課題を発見し、よりよい解決に向けて思考し判断するとともに、他者に伝える力を養う。
(3)生涯を通じて心身の健康の保持増進を目指し、明るく豊かな生活を営む態度を養う。

保健分野の内容に関しては、これまで知識を中心とした内容構成になっていたものに、新たに思考力、判断力、表現力等の内容が示されました。現在及び将来の生活における健康に関する課題に直面した場合などに、的確な思考・判断・表現等を行うことができるよう、健康を適切に管理し改善していく思考力、判断力、表現力等の資質・能力を育成することが求められていることから、全ての内容のまとまりにおいて、思考力、判断力、表現力等の内容が位置付いたわけです。

　また、今回、「知識及び技能」というくくりで技能の内容も示されました。しかし、全ての内容のまとまりに示されているのではなく、保健体育という教科の特性を踏まえて、「心身の機能の発達と心の健康」と「傷害の防止」の内容のまとまりだけに示されています。

　なお、保健分野においては、「学びに向かう力、人間性等」については、目標に示されていますが、内容としては示されていません。これは、他教科も同様です。

　解説の改訂のポイントの最後に関連して、「健康な生活と疾病の予防」については、これまで第3学年で指導されることとなっていましたが、個人生活における健康に関する課題を解決することを重視する観点から、この内容を学年ごとに配当することとされました。つまり、保健分野の中核となる内容として、全ての学年で学習することとなったのです。そのことを踏まえて、本書を参考に単元構成をしてください。

⑵　保健分野における学習評価の考え方

　今回の学習評価は、学習指導要領の目標が、新しく「知識及び技能」「思考力、判断力、表現力等」「学びに向かう力、人間性等」の3つの柱で示されたので、評価の観点も連動して「知識・技能」「思考・判断・表現」「主体的に学習に取り組む態度」に変更されました。

　保健分野の「知識・技能」の評価については、新しく示された「技能」を具体的にどのように評価するのかが、ポイントとなります。学習指導要領に示された保健の技能の内容は、「ストレス対処」「応急手当」の2つです。これらの内容は知識と一体として示されており、評価においても、それらの内容を理解し技能を身に付けている状況を評価することになります。例えば、ストレス対処は「リラクセーション等の方法が心身の負担を軽くすることを理解するとともに、それらの方法ができる」と「技能」のみを評価するのではないことに留意します。

　保健分野の「思考・判断・表現」については、健康課題の解決能力の育成を目指す上で、最も注目すべき観点となります。個人生活における健康・安全に関する内容について科学的に思考し、判断するとともに、それらについて筋道を立てて他者に表現できているか、生徒の実現状況を評価することになります。今回の学習指導要領解説では、「思考力、判断力、表現力等」の内容について、課題発見、課題解決、表現に分けて例示がされてあるので、単元の流れに沿って評価にも活用することができます。

　「主体的に学習に取り組む態度」は、内容に位置付いていないため、目標を踏まえて評価することになります。具体的には、「知識及び技能」「思考力、判断力、表現力等」の獲得に粘り強く取り組んだり、自らの学習を調整しようとしたりする側面を評価します。そのため、従来の「関心・意欲・態度」のように単元のはじめのほうに位置付くのではなく、粘り強さや調整の状況が把握できる後半に位置付くことになります。生徒が保健の学習に自主的に取り組んでいる状況に、課題解決に向けての粘り強さや、解決方法の修正等の姿を見取っていくことに留意しましょう。

運動やスポーツの多様な関わり方を楽しむこと、個人生活に関する内容の習得を目指して！

1 〔体育分野〕

体育分野の内容は、運動に関する領域と知識に関する領域で構成されています。運動に関する領域は、「A体つくり運動」「B器械運動」「C陸上競技」「D水泳」「E球技」「F武道」「Gダンス」で、知識に関する領域は、「H体育理論」です。

運動に関する領域では、(1)知識及び技能（「体つくり運動」は知識及び運動）、(2)思考力、判断力、表現力等、(3)学びに向かう力、人間性等を内容として示しています。

知識に関する領域では、「ア　知識」として、(ア)、(イ)、(ウ)に具体的な指導内容を示し、「イ　思考力、判断力、表現力等」、「ウ　学びに向かう力、人間性等」を内容として示しています。なお、体育分野の領域及び領域の内容については、解説 P.43の表に、より分かりやすく整理されているので参照ください。

(1)　知識及び技能（「体つくり運動」は知識及び運動）

　　○知識

知識については、体の動かし方などの具体的な知識と、生涯スポーツにつながる概念などの汎用的な知識で示されています。具体的な知識と汎用的な知識との関連を図ることで、各領域の特性や魅力を理解したり、運動やスポーツの価値等を理解したりすることにつなげることが大切です。具体的な指導内容としては、各領域における「運動の特性や成り立ち」「技術（技）の名称や行い方」「その運動に関連して高まる体力」「伝統的な考え方」「表現の仕方」などが示されています。

　　○技能

技能については、運動を通して各領域の特性や魅力に応じた楽しさや喜びを味わうことが示されているとともに、各領域における技能や攻防の様相、動きの様相などが示されています。第1学年及び第2学年においては、小学校第5学年及び第6学年までのルールや場を工夫した学習経験を踏まえ、主に、各領域の基本的な技能や動きを身に付け、記録や技に挑戦したり、簡易な試合や発表をできるようにしたりすることが示されています。

(2)　思考力、判断力、表現力等

「思考力、判断力、表現力等」については、各領域に共通して、自己の課題を発見し、合理的な解決に向けて運動の取り組み方を工夫するとともに、自己（や仲間）の考えたことを他者に伝えることが示されています。

具体的には、第1学年及び第2学年においては、各領域の特性に応じて、改善すべきポイントを発見すること、課題に応じて適切な練習方法を選ぶことなどの「体の動かし方や運動の行い方」に関する指導内容、「体力や健康・安全」に関する指導内容、「運動実践につながる態度」に関する指導内容が、各領域で取り上げることが効果的な指導事項の具体例として重点化して示されています。思考力、判断力、表現力等は、各領域における学習課題に応じて、学習した内容を別の学習場面に適用したり、応用したりして、他者に伝えることですが、第1学年及び第2学年では、基本的な知識や技能を活用して、学習課題への取り組み方を工夫できるようにして、自己の課題の発見や解決に向けて

考えたことを他者に分かりやすく伝えられるようにすることが求められます。

⑶　学びに向かう力、人間性等

　「学びに向かう力、人間性等」については、公正に取り組む、互いに協力する、自己の役割を果たす、一人一人の違いを認めようとするなどの意欲を育てることが示されています。また、健康・安全に関する事項については、意欲をもつことにとどまらず、実践することが求められています。第1学年及び第2学年においては、各領域に積極的に取り組むことが示されています。なお、「学びに向かう力、人間性等」を学習する際は、なぜその活動や行動が必要なのかなどについて、学習指導要領解説に示された意義などの汎用的な知識を関連させて指導することが大切です。

　授業づくりに当たっては、上記の内容を確認し、これらの指導内容を個別に取り扱うのではなく、それぞれの内容を関連させた指導と評価の計画を作成するとともに、体育理論との関連についても考慮することが重要です。

2　〔保健分野〕

　保健分野の指導内容に関する改訂の主なポイントは、次の3点です。

①「知識及び技能」の内容として、心の健康や疾病の予防に関する健康課題の解決に関わる内容が充実されるとともに、ストレス対処や心肺蘇生法等の技能に関する内容等が明確に示された。

②保健分野においては、個人生活における健康課題を解決する能力を育成することができるよう、「思考力、判断力、表現力等」の内容が全ての内容のまとまりに示された。

③「健康な生活と疾病の予防」については、これまで第3学年で指導されることとなっていたが、個人生活における健康に関する課題を解決することを重視する観点から、この内容を各学年に配当することとされた。

　これらを踏まえて、4つの内容のまとまりを9つの単元として設定し、各学年ともにおおよそ16時間ずつ、合計48時間程度の授業をすることとなります。具体的な単元と指導すべき学年等を表1に示しました。なお、各学年の内容の詳細については、学年ごとの〔保健分野〕における指導のポイントで説明します。

表1　保健分野の単元の設定例

内容のまとまり	単元設定例	学年	時数
(1)健康な生活と疾病の予防	健康の成り立ちと疾病の発生要因・生活習慣と健康	1	4
	生活習慣病などの予防	2	4
	喫煙、飲酒、薬物乱用と健康	2	4
	感染症の予防	3	4
	健康を守る社会の取組	3	4
(2)心身の機能の発達と心の健康	心身の機能の発達	1	5
	心の健康	1	7
(3)傷害の防止	傷害の防止	2	8
(4)健康と環境	健康と環境	3	8

（国立教育政策研究所『「指導と評価の一体化」のための学習評価に関する参考資料　中学校保健体育』東洋館出版社　2020年を一部改変）

個別最適な学びと協働的な学びに向けた授業改善へ！

1 主体的・対話的で深い学びに向けた授業改善

⑴ 「主体的・対話的で深い学び」とは何か

　中央教育審議会答申（2016）では「『主体的・対話的で深い学び』の実現とは、特定の指導方法のことでも、学校教育における教員の意図性を否定することでもない」と示しています。ここからは、教員の創意工夫による授業づくりの意図とは別に、特定の授業方法や指導法等が存在し、それを身に付けることではないことが分かります。さらに、答申では「『主体的・対話的で深い学び』の実現とは、以下の視点に立った授業改善を行うことで、学校教育における質の高い学びを実現し、学習内容を深く理解し、資質・能力を身に付け、生涯にわたって能動的（アクティブ）に学び続けるようにすることである。」と示しています。つまり、生涯にわたり能動的に学び続けることを目的に、ある視点に立ち、質の高い学びの実現に向けた授業改善を行う、教員の営みと捉えることができるでしょう。では、保健体育科の授業においては、どのような視点を用いて授業改善を進めることになるのでしょうか。

⑵ 保健体育科の「主体的・対話的で深い学び」に向けた授業改善の視点と留意点

　保健体育科の授業改善の視点は、学習指導要領解説に示されています（下線は筆者）。

・運動の楽しさや健康の意義等を発見し、運動や健康についての興味や関心を高め、課題の解決に向けて粘り強く自ら取り組み、学習を振り返るとともにそれを考察し、課題を修正したり新たな課題を設定したりするなどの<u>主体的な学び</u>を促すこと。
・運動や健康についての課題の解決に向けて、生徒が他者（書物等を含む）との対話を通して、自己の思考を広げ深め、課題の解決を目指して学習に取り組むなどの<u>対話的な学び</u>を促すこと。
・習得・活用・探究という学びの過程を通して、自他の運動や健康についての課題を発見し、解決に向けて試行錯誤を重ねながら、思考を深め、よりよく解決するなどの<u>深い学び</u>を促すこと。

　生徒に3つの資質・能力を偏りなく育成することを目的に、保健体育科の特質に応じた効果的な学習指導の実現に向けて、地道な授業改善に取り組むことが求められています。また、解説では、授業改善を進めるに当たっての留意点を以下の通り示しています。

ア　児童生徒に求められる資質・能力を育成することを目指した授業改善の取組は、既に小・中学校を中心に多くの実践が積み重ねられており、特に義務教育段階はこれまで地道に取り組まれ蓄積されてきた実践を否定し、全く異なる指導方法を導入しなければならないと捉える必要はないこと。
イ　授業の方法や技術の改善のみを意図するものではなく、<u>児童生徒に目指す資質・能力を育むために</u>「主体的な学び」、「対話的な学び」、「深い学び」の視点で、授業改善を進めるものであること。
ウ　各教科等において通常行われている<u>学習活動（言語活動、観察・実験、問題解決的な学習など）の質を向上させること</u>を主眼とするものであること。
エ　1回1回の授業で全ての学びが実現されるものではなく、<u>単元や題材など内容や時間のまとまりの中で</u>、学習を見通し振り返る場面をどこに設定するか、グループなどで対話する場面をどこに設定す

るか、児童生徒が考える場面と教員が教える場面をどのように組み立てるかを考え、実現を図っていくものであること。

オ　深い学びの鍵として「見方・考え方」を働かせることが重要になること。各教科等の「見方・考え方」は、「どのような視点で物事を捉え、どのような考え方で思考していくのか」というその教科等ならではの物事を捉える視点や考え方である。各教科等を学ぶ本質的な意義の中核をなすものであり、教科等の学習と社会をつなぐものであることから、<u>児童生徒が学習や人生において「見方・考え方」を自在に働かせることができるようにする</u>ことにこそ、教師の専門性が発揮されることが求められること。

カ　基礎的・基本的な知識及び技能の習得に課題がある場合には、その確実な習得を図ることを重視すること。

2 〔体育分野〕における ICT 端末活用のポイント

⑴　ICT 端末の導入に向けて

　「Society5.0」時代の到来が予測される中、生徒が情報や情報技術を受け身で捉えるのではなく、主体的に選択し活用していく力が求められています。学習指導要領では、情報活用能力を言語能力、問題発見・解決能力と並ぶ「学習の基盤となる資質・能力」の１つと位置付け、教科等横断的に育成することを求めています。そのため、各教科等における指導に当たっては、各教科等の特質に応じた適切な学習場面の設定や学習活動の工夫・充実を検討する必要があります。また、情報活用能力を発揮させる学習指導の工夫が、各教科等における主体的・対話的で深い学びへ向けた授業改善を加速するものとして期待されています。

⑵　体育分野での活用のポイントと留意点

　体育分野では、豊かなスポーツライフを実現するための資質・能力の育成を目指しています。そのため、ICT の活用に関しても、３つの資質・能力の何を育成するものなのか、そのねらいや利活用の目的、効果等を十分検討した上で導入することが重要となります。

　具体的には、学習に必要な情報の収集やデータの管理・分析、課題の発見や解決方法の選択などにおける ICT 活用が考えられます。また、生徒や学校の実態に応じ、個別学習やグループ別学習、繰り返し学習、学習内容の習熟の程度に応じた学習、生徒の興味・関心等に応じた課題学習、補充的な学習や発展的な学習などの学習活動を取り入れたりするなど、個に応じた指導の充実や、生徒の基盤的な学力の定着に向けた学習指導への効果が期待されています。さらに、１人１台の ICT 端末の活用により、体育分野の授業を授業時間や運動場や体育館という場を超えて、いつでも、どこでも学習者のペースで活用できる可能性をも秘めています。

　また、「教育の情報化に関する手引（追補版）」（令和２年６月　文部科学省）では、中学校保健体育科の授業において、①生徒の学習に対する興味・関心を高める場面、②生徒一人一人が課題を明確に把握する場面等における ICT の効果的な活用が示されていますので、参考にしてください。　なお、運動実践での活用に際しては、運動学習への従事時間が損なわれないよう留意しましょう。そのため、補助的な手段として活用するとともに、効果的なソフトやプログラムの活用等を検討する必要があります。運動場や体育館等で手軽に用いることができること、操作等に時間を要しないこと、短時間で繰り返し活用できるようにする準備等も重要となります。また、ICT を活用する場面と活用しない場面を判断し、効果的な組み合わせを検討することが重要です。中央教育審議会答申（2021）では、「令和の日本型学校教育」を構築し、全ての子供たちの可能性を引き出すための個別最適な学び（個に応じた指導と学習の個別化）と協働的な学びを実現するためには ICT は不可欠であるとし、学校教育での ICT の一層の活用について、期待を示しています。

保健の見方・考え方を働かせた学習を目指して！

1 主体的・対話的で深い学びの視点からの授業改善と単元の指導のポイント

　保健分野では、「知識及び技能」「思考力、判断力、表現力等」「学びに向かう力、人間性等」の3つの資質・能力を育成するため、単元などの内容や時間のまとまりを見通しながら、次の3つの視点で「主体的・対話的で深い学びの視点からの授業改善」を進めることが大切です。

> ・健康の意義等を発見し、健康についての興味や関心を高め、課題の解決に向けて粘り強く自ら取り組み、学習を振り返るとともにそれを考察し、課題を修正したり新たな課題を設定したりするなどの主体的な学びを促すこと。
> ・健康についての課題の解決に向けて、生徒が他者（書物等を含む）との対話を通して、自己の思考を広げ深め、課題の解決を目指して学習に取り組むなどの対話的な学びを促すこと。
> ・習得・活用・探究という学びの過程を通して、自他の健康についての課題を発見し、解決に向けて試行錯誤を重ねながら、思考を深め、よりよく解決するなどの深い学びを促すこと。

　これらの視点からの授業改善は、全ての単元で推進する必要がありますが、それぞれの単元の内容に即した指導のポイントと関連させることでより具体的、効果的になります。それでは、第1学年の各単元の指導のポイントについて確認しましょう。

⑴「健康の成り立ちと疾病の発生要因・生活習慣と健康」の指導のポイント

　これまで、「食事、運動、休養及び睡眠と健康」と示されてきたものが、保健体育として「運動」に注目した内容に改善されたため、「運動」が筆頭になり「運動、食事、休養及び睡眠と健康」となりました。そのことを踏まえるとともに、最終的に、心身の健康は生活習慣と深く関わっており、健康を保持増進するためには、年齢、生活環境等に応じた適切な運動、食事、休養及び睡眠の調和の取れた生活を続けることが必要であることを理解できるように指導します。この「年齢、生活環境に応じた」の部分をしっかりと考えられるように指導することがポイントとなります。

⑵「心身の機能の発達」の指導のポイント

　この単元では、心身の機能の発達について、習得した知識を自他の生活に適用したり、課題解決に役立てたりして、発達の状況に応じた健康を保持増進する方法を見いだすことができるように指導することがポイントとなります。そのためには、「身体の機能の発達」で骨や筋肉、肺や心臓などの器官が急速に発育し、呼吸器系、循環器系などの機能が発達する時期があることをしっかり押さえ、そのことを「生殖に関わる機能の成熟」に当てはめて考えさせることが大切です。どうしても性に関する内容に目が行きがちですが、「発育・発達」の重要な時期にある生徒に、その基本をしっかり押さえることを忘れないように留意しましょう。

⑶「心の健康」の指導のポイント

　「心の健康」については、従前の内容の理解を深めるとともに、新たに、ストレスへの対処につい

ての技能の内容が示されました。詳細については、**3**で述べます。

　また、今回、高等学校では新たに「精神疾患の予防と回復」の内容が示されたことから、ストレスへの原因対処等の内容が中学校に移動されました。つまり、ストレス対処の内容は中学校で重点的に行われることとなったので、そのことを踏まえて指導することがポイントとなります。

2 〔保健分野〕における学習カード活用のポイント

　保健分野は、個人生活における健康課題を解決することを重視しています。そのための中心となる資質・能力は「思考力・判断力・表現力等」です。その育成のためには、健康課題を発見し、よりよい解決に向けて思考したり、様々な解決方法の中から適切な方法を選択するなどの判断をしたりするとともに、それらを他者に表現する活動を設定し、単元を通して課題の発見、解決、表現が評価できるように工夫することが大切です。

　また、「思考・判断・表現」の評価に当たっては、生徒が思考・判断したことをできるだけ可視化し評価したいので、学習カードやノートなどの記述が中心となります。学習カードを作成する際には、評価する観点に応じた項目を設定し、思考の過程が分かるような項目を工夫するとともに、発表内容をメモしたり、グループでの話合いで考えたことを記述させたりするなど、生徒の状況を正確に見取るための工夫が必要です。さらに、他のグループの発表を聞き、自分のグループで考えた課題解決方法と比較することで、新たな課題を発見したり思考が深まったりすることが考えられます。このような生徒の思考の過程が分かるように、生徒が考えたことを段階的に記入させるなど、学習カードの内容項目を工夫することがポイントとなります。

　例えば、「健康の成り立ちと疾病の発生要因・生活習慣と健康」の「運動と健康」の内容では、まず、健康な生活を送るための方法を「運動」という言葉を使用して書く欄を設けます。次に、自分の生活等を振り返って、健康と運動の課題を考える欄を設けます。さらに、グループでの話合いで気が付いた方法を書く欄を設けます。最後に、3つの欄に記述したことを踏まえて、健康と運動について考えたことを書く欄を設けるのです。なお、解決方法を選択する欄を設ける場合には、「根拠や選択した適切な理由を挙げる」ことができる欄を設けるとよいでしょう。

3 〔保健分野〕における「知識及び技能」の指導のポイント

　「心の健康」の単元では、「知識」の内容として、「欲求やストレスへの対処」について、いろいろな方法がある中からストレスの原因、自分や周囲の状況に応じた対処の仕方を選ぶことが大切であることを理解できるように指導します。また、今回新たに「技能」の内容が位置付きましたので、本単元ではリラクセーションの方法等を取り上げ、生徒がストレスによる心身の負担を軽くするような対処の方法をできるように指導することが求められます。したがって、授業の中で、「ストレスへの対処」として、教室等で実際に体ほぐし等のリラクセーションや呼吸法を行うことになります。小学校では深呼吸などの呼吸法を技能として学んできているので、中学校では、呼吸法の復習をしながら、教室で実際に体をリラックスさせる方法を実践できるように工夫するとよいでしょう。

　具体的には、ストレスがあると心身に緊張が伴うことや、体の緊張をほぐすことが心によい影響を与えることなどを確認しながら、教室でできる体ほぐし運動をします。つまり、知識と技能を一体として育成する、まさに「知識及び技能」の指導をすることがポイントなのです。さらに、最終的にリラクセーションの内容も含めたいろいろな方法の中からストレスの原因、自分や周囲の状況に応じた対処の仕方を選ぶ等の思考力、判断力、表現力等に関わる内容につなげていくと目標と内容に即した授業展開になります。

保健体育科「年間指導計画例」（全学年）

　下記の表は、本シリーズにおける全学年の保健体育科の年間指導計画例です。「体育理論」「体つくり運動」については、本書ではまとめて記載していますが、この表にある通り、実施時期がそれぞれ異なる点に注意してください。また、第3学年では、領域の選択があるので、学校や生徒の実態に合わせて、指導を行ってください。

学年	週\月	4			5				6				7		9			
		1	2	3	4	5	6	7	8	9	10	11	12	13	14	15	16	
第1学年		オリエンテーション	体育理論〔1〕	陸上競技〔12〕 短距離・リレー〔6〕 ハードル走〔6〕					球技・ゴール型〔10〕 （バスケットボール・サッカー選択） バスケットボール				水泳〔10〕 （クロール・平泳ぎのいずれかを含む2泳法以上選択） クロール・背泳ぎ				
			体つくり運動〔4〕						保健(1)(ｱ)健康の成り立ちと疾病の発生要因／(ｲ)生活習慣と健康〔4〕			体育理論〔1〕	保健 (2)(ｱ)(ｲ)心身の機能の発達〔5〕				
第2学年	体つくり運動〔3〕		陸上競技〔8〕 （跳躍種目選択 走り幅跳び・走り高跳び） 走り高跳び			球技・ネット型〔12〕 （バレーボール・バドミントン選択） バドミントン						水泳〔10〕 （クロール・平泳ぎのいずれかを含む2泳法以上選択） 平泳ぎ・バタフライ				
			体育理論〔1〕	保健 (1)(ｳ) 生活習慣病などの予防〔4〕			保健 (1)(ｴ)喫煙、飲酒、薬物乱用と健康〔4〕				体育理論〔2〕	保健				
第3学年	体つくり運動〔3〕		陸上競技・器械運動選択〔18〕 （器械運動選択者は、1種目から4種目選択） マット運動・平均台運動・跳び箱運動 （陸上競技は、競走種目と跳躍種目より選択） 短距離走・リレー／走り幅跳び									水泳・ダンス選択〔18〕 水泳：四泳法・リレー （水泳の選択者で実技ができない期間は、練習計画等の作成等） ダンス：現代的なリズムのダンス・創作ダンス				
			体育理論〔1〕	保健 (1)(ｵ)感染症の予防〔4〕		保健(1)(ｶ) 健康を守る社会の取組〔4〕										

※選択単元については、下線種目を本書において採用している。

<table>
<tr><th colspan="2">9</th><th colspan="4">10</th><th colspan="4">11</th><th colspan="2">12</th><th colspan="3">1</th><th colspan="3">2</th><th colspan="2">3</th></tr>
<tr><th></th><th>17</th><th>18</th><th>19</th><th>20</th><th>21</th><th>22</th><th>23</th><th>24</th><th>25</th><th>26</th><th>27</th><th>28</th><th>29</th><th>30</th><th>31</th><th>32</th><th>33</th><th>34</th><th>35</th></tr>
<tr><td></td><td colspan="7">武道〔9〕
（柔道・剣道のいずれかを選択）
<u>柔道</u></td><td colspan="8">器械運動〔16〕
（跳び箱、鉄棒、平均台より１選択）
<u>マット運動〔9〕・跳び箱運動〔7〕</u></td><td colspan="4">球技・ネット型〔10〕
（バレーボール・テニス選択）
<u>バレーボール</u></td></tr>
<tr><td></td><td colspan="7">保健
⑵(ｳ)(ｴ)心の健康〔7〕</td><td>体育理論〔1〕</td><td colspan="6">陸上競技〔6〕
長距離走</td><td colspan="4">体つくり運動［4］</td><td></td></tr>
<tr><td></td><td colspan="6">球技・ベースボール型〔12〕
ソフトボール</td><td colspan="8">ダンス〔18〕
創作ダンス⑼
フォークダンス⑼</td><td colspan="5">球技・ゴール型〔12〕
（ハンドボール・サッカー選択）
<u>ハンドボール</u></td></tr>
<tr><td colspan="5">⑶傷害の防止〔8〕</td><td colspan="2">体つくり運動［2］</td><td colspan="2"></td><td colspan="6">陸上競技〔6〕
<u>長距離走</u></td><td colspan="3">体つくり運動〔3〕</td><td colspan="2"></td></tr>
<tr><td></td><td colspan="9">球技・武道選択①〔18〕
（球技選択者は選択②で再度選択。
もしくは武道を選択する）
球技：<u>ゴール型　サッカー</u>
球技：<u>ネット型　バレーボール</u>
武道　<u>柔道</u></td><td colspan="2">体つくり運動〔4〕</td><td colspan="8">球技・武道選択②〔18〕
（選択①で武道選択者は、球技の選択も可）
球技：<u>ネット型　テニス</u>
球技：<u>ベースボール型　ソフトボール</u>
武道　<u>剣道</u></td></tr>
<tr><td></td><td colspan="8">保健 ⑷健康と環境〔8〕</td><td colspan="6">陸上競技〔6〕
長距離走</td><td colspan="2"></td><td colspan="3">体育理論〔3〕</td></tr>
</table>

2

イラストで見る
全単元・全時間の授業のすべて
保健体育　中学校１年

1 運動やスポーツの多様性

（3 時間）

単元の目標

(1)運動やスポーツが多様であること（運動やスポーツの必要性と楽しさ、運動やスポーツへの多様な

単元計画（指導と評価の計画）

1時（導入・4月）	2時（展開・6月）
運動やスポーツは必要性や多様な楽しさから生まれてきたことを理解する。	運動やスポーツには多様な関わり方があることを理解する。
1 運動・スポーツはどのようにして誕生したの？ [主な学習活動] ○自分はどうして運動やスポーツをするのか考える。 ○人が運動やスポーツをするのはなぜか考える。 ○運動やスポーツの昔と今を比べる。 ○運動やスポーツの誕生と発展についてまとめる。	**2 運動・スポーツにはどのような関わり方があるの？** [主な学習活動] ○運動やスポーツは「する」だけなのか考える。 ○（スポーツ中継の映像から）どんな人が関わっているか考える。 ○スポーツ大会（例、東京マラソン）の関係者を調べる。 ○様々な関わり方があることについてまとめる。
[評価計画] 知①	[評価計画] 知② 思①

単元の評価規準

知識・技能	
次の①〜③のことについて理解したことを、言ったり書き出したりしている。 ① ・運動やスポーツは、その必要性（体を動かすこと、健康を維持すること）や多様な楽しさ（競争、挑戦、自然克服、交流、感情表現など）から生み出されたこと。 ・運動やスポーツが発展し（人々の生活における多様な欲求や必要性の充足と関わって）、その捉え方も変容してきたこと（競技スポーツから生涯スポーツへ）。 ② ・運動やスポーツには、例えば、直接行う（する）こと、メディアや競技場等で観戦する（見る）こと、運動学習場面で仲間を支援したり、大会等の企画や運営を支援したりする（支える）こと、スポーツの歴史や記録等を調べる（知る）こと、など多様な関わり方があること。	③ ・世代や機会に応じて、生涯にわたって運動やスポーツを楽しむためには、自己に適した多様な楽しみ方を見付けたり、工夫したりすることが大切であること。 ・健康維持などの必要性に応じた運動を実践する際には、運動の心地よさを楽しんだり、体の動きを高めることを楽しんだりする行い方があること。 ・競争や挑戦型のスポーツを楽しむには、ルールやマナーを守りフェアに競うこと、世代や機会に応じてルールを工夫すること、勝敗にかかわらず健闘を称え合う等の行い方があること。 ・自然克服、交流、感情表現型のスポーツを楽しむには、互いの違いやよさを肯定的に捉えて自己やグループの課題の達成を楽しむ等の仲間と協働する行い方があること。

関わり方、運動やスポーツの多様な楽しみ方）について理解することができるようにする。

知識及び技能

(2)運動やスポーツが多様であることについて、自己の課題を発見し、よりよい解決に向けて思考し判断するとともに、他者に伝えることができるようにする。

思考力、判断力、表現力等

(3)運動やスポーツが多様であることについての学習に積極的に取り組むことができるようにする。

学びに向かう力、人間性等

3時（まとめ・11月）

運動やスポーツには多様な楽しみ方があることを理解する。

3　運動・スポーツにはどのような楽しみ方があるの？

[主な学習活動]
○運動やスポーツにはどのような楽しみ方があるのか考える。
○運動やスポーツの特性（目的）に応じた楽しみ方を考える。
○自分のスポーツライフを考える。
○様々な楽しみ方があることについてまとめる。

[評価計画]　知③　思②　態①

思考・判断・表現	主体的に学習に取り組む態度
①習得した知識を活用して、運動やスポーツとの多様な関わり方についての自己の課題を発見し、よりよい解決に向けて、思考し判断するとともに、自己の意見を言語や記述を通して他者に伝えている。 ②習得した知識を活用して、運動やスポーツとの多様な楽しみ方についての自己の課題を発見し、よりよい解決に向けて、思考し判断するとともに、自己の意見を言語や記述を通して他者に伝えている。	①次の学習活動に積極的に取り組もうとしている。 ・運動やスポーツが多様であることを理解すること。 ・意見交換や学習ノートの記述など、思考、判断、表現する活動。 ・学習を振り返る活動。

1 運動やスポーツの多様性

2 体ほぐしの運動・体の動きを高める運動

3 短距離走・リレー

4 ハードル走・

5 ゴール型バスケットボール

6 健康・疾病　生活習慣

7 水泳　クロール・背泳ぎ

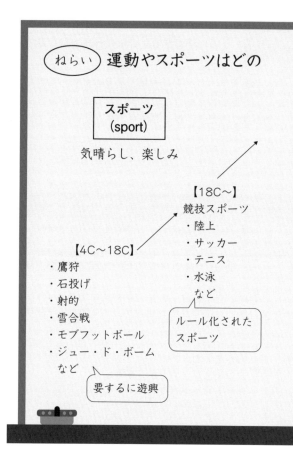

運動・スポーツはどのようにして誕生したの？

本時の目標

運動やスポーツは必要性や多様な楽しさから生まれてきたことを理解することができるようにする。

評価のポイント

運動やスポーツは必要性や多様な楽しさから生まれてきたことを理解できたか、学習カードに具体例を示しながら書けているか。

本時の板書のポイント

point 「必要性」と「楽しさ」に分類したり、「sport」の起源から現代までの時間軸においてその捉え方を示したりして、広がりや多様性を可視化できるようにする。

本時の展開 ▷▷▷

1 自分はどうして運動やスポーツをするのか考える

体育理論は、運動やスポーツについていろいろな角度から考えていく授業であることを押さえる。「みんなはどうして運動やスポーツをするの？」と発問し、「必要性」と「楽しさ」に分けて整理する。「スポーツはどのように誕生したのか」と学習課題を設定する。

2 人が運動やスポーツをするのはなぜか考える

生徒の発言を補足する形で様々な○○したいを整理して板書し、具体例を示しながらその多様さを表す。やってみないと結果は分からない、努力すればできるかもしれない、というハラハラドキドキ感も人々を魅了する1つとなる。社会生活の変化は身体活動量の減少が関わる。

ように誕生したのか

ここから書
き始める→

```
【いま】
様々な身体活動（ウォーキング、
体操、野外活動なども含む）

楽しさ

好き、楽しい
勝ちたい…競争
記録を更新したい…挑戦・達成
技を身に付けたい…挑戦・達成
自然と親しみたい…自然克服
友達と関わりたい…交流
思いを表したい…表現

必要性

健康、体力向上…社会生活の変化

授業だから          本来のsportでは
やらされている      ないね（笑）
```

> スポーツの捉え方が広くなった
> （→生涯スポーツへ）

自分（人間）の欲求や必要性
を満たすことができる

まとめ

運動やスポーツは様々な
楽しさや必要性から生ま
れ、発展してきた

> 体育でも味わって
> みよう！

---

3 運動やスポーツの昔と今を比べる

> 遊びたいのは昔
> の人も今の人も
> 同じなんだな

> いろんな
> 楽しさが
> あるな

「『sport』の意味は？」と発問して、辞書や
ICTを使って調べ、発表させる。昔から、物を
投げたり、捕まえたり、運んだりして遊んでい
た。次第に今あるような競技スポーツの形に発
展し、今は運動の必要性も重なって様々な身体
活動も含めた広い意味でのスポーツとなった。

4 運動やスポーツの誕生と発展に
ついてまとめる

多様な楽しさや必要性から生まれ、発展して
きたことを踏まえて、今まで経験してきた運
動・スポーツに当てはめたり、これからの運
動・スポーツで味わってみたいことを想像させ
たりして、発表させる（学習カード記入）。

右端タブ：
1 運動やスポーツの多様性
2 体ほぐしの運動・体の動きを高める運動
3 短距離走・リレー
4 ハードル走
5 ゴール型 バスケットボール
6 健康・疾病 生活習慣
7 水泳 クロール・背泳ぎ

運動・スポーツにはどのような関わり方があるの？

本時の目標

運動やスポーツには多様な関わり方があることを理解することができるようにする。

評価のポイント

運動やスポーツには多様な関わり方があることを理解できたか、学習カードに具体例を示しながら書けているか。

本時の板書のポイント

- -

point　生徒の発言に基づき帰納的に「する」「見る」「支える」「知る」を書き出した上で、今度は演繹的に他の具体例を分類し、関わり方の多様性を可視化できるようにする。

○月□日（△）

ねらい　運動・スポーツにはど

| する | 見る |

友達との遊び	観客
体育、行事、部活	サポーター
スクール、クラブ	TV観戦
趣味、サークル	インターネット観戦
プロスポーツ	パブリックビューイング
ゆるスポーツ	沿道
eスポーツ!?	など
など	

走りながら支えるという関わり方もあるね

本時の展開　▷▷▷

1　運動やスポーツは「する」だけなのか考える

「する」だけなのかな？

前時に、人はなぜ運動やスポーツを「する」のかについて考えたことを振り返る。「運動やスポーツは『する』だけなのかな？」と発問し、自由に発言させる。「運動やスポーツにはどのような関わり方があるのかな？」と学習課題を設定する。

2　スポーツ中継の映像からどんな人が関わっているか考える

0-1

選手　観客　審判

「今から流すサッカー中継の映像には、選手以外にどのような人が映っているかな？」と発問し、ペアで協力してなるべくたくさん挙げ、発表させる。実際に映っていなくても、想像でもよい。このように、スポーツ中継を「見る」行為も関わり方の1つである。

のような関わり方があるのか

生徒の発言に基づいて見出しを付ける形で書く↓

支える	知る

支える	知る
審判	本、雑誌、教科書
監督、コーチ、トレーナー	新聞
警備員、警察	TV、ラジオ
報道	コマーシャル
ボールパーソン	インターネット
通訳	動画
ボランティア	SNS
医師、看護師	など
ガイドランナー	
など	

> **まとめ**
> 運動やスポーツには「する」「見る」「支える」「知る」など様々な関わり方がある。

体育、行事、部活動等でもいろいろな関わり方をしてみよう！

←生徒の発言を分類しながら書き、見出しを付けた後にさらに補足を加えて書く

---

3 スポーツ大会（例、東京マラソン）の関係者を調べる

東京マラソン Web「メディアガイド」にアクセスして、出場者の年代、種別、人数や申込者数、観戦者数、その他にどのような人々が何人程度関わっているかをグループで協力して調べ、学習カードにまとめ、発表させる。こうした「調べる」行為も関わり方の１つである。

4 様々な関わり方があることについてまとめる

今まで経験してきた運動・スポーツはどのような関わり方をしていたか、また、これから体育、行事、部活動、地域や家庭でどのような関わり方ができそうかについて考え、発表させる（学習カード記入）。

1 運動やスポーツの多様性
2 体ほぐしの運動・体の動きを高める運動
3 短距離走・リレー
4 ハードル走
5 ゴール型 バスケットボール
6 健康・疾病 生活習慣
7 水泳 クロール・背泳ぎ

運動・スポーツにはどのような楽しみ方があるの？

本時の目標

運動やスポーツには多様な楽しみ方があることを理解することができるようにする。

評価のポイント

運動やスポーツには多様な楽しみ方があることを理解できたか、学習カードに具体例を示しながら書けているか。

本時の板書のポイント

- -

point 種目に応じた楽しさを目的に据え、それぞれの目的に応じた楽しみ方を生徒の発言や教科書などを参考にしながら整理する。

○月□日（△）

1年生で学習する（した）種目

・体つくり運動
・器械運動（マット運動）
・陸上（短距離走・リレー）
・水泳（クロール、背泳ぎ）
・球技（バスケットボール）
・武道（柔道）
・ダンス　※小学校・表現運動
・スキー　※移動教室

> グループで1つ
> どれを選ぶ？

←グループで重複しても構わない

本時の展開 ▷▷▷

1 運動やスポーツにはどのような楽しみ方があるのか考える

> どれも楽しさは同じだった？

実技や体育理論での既習事項をもとに、「体つくり運動、バスケットボール、ダンスなどの楽しさというのはどれも同じだったかな？」と発問し、自由に発言させる。「運動やスポーツにはどのような楽しみ方があるのかな？」と学習課題を設定する。

2 運動・スポーツの特性（目的）に応じた楽しみ方を考える

> 目標を決めるとか
> ルールを作ってもいいね

実技の授業等を振り返りながら、「選んだ種目について、どうしたら楽しくできそうか、みんなでアイデアを出そう！」と投げかけ、グループで話し合い、発表させる。生徒の発表にない楽しみ方や、選ばれなかった種目における楽しみ方の補足を加える。

1 運動やスポーツの多様性

2 体ほぐしの運動・体の動きを高める運動

3 短距離走・リレー

4 ハードル走

5 ゴール型バスケットボール

6 健康・疾病生活習慣

7 水泳クロール・背泳ぎ

（ねらい） 運動・スポーツにはどのような楽しみ方があるのか

種目や目的によって様々あるね

自分に合う楽しみ方を
考えてみよう

目的	楽しみ方
健康・体力向上	・心地よさを感じる ・○○○○ ・○○○○　など
競争・達成	・フェアに行う ・○○○○ ・○○○○　など
自然克服 交流 表現	・お互いの違いを認め合う ・○○○○ ・○○○○　など

私のスポーツライフ

（人生の時間）
過去　→　いま　→　将来

1. いつ（生活の時間）
2. 誰と（家族や友達）
3. どこで（場所）
4. 何をどう楽しみたいか

3 自分のスポーツライフを考える

　様々な楽しみ方があることを踏まえて、これらを参考に「自分に合う楽しみ方を考えてみよう！」と投げかけ、＜過去～将来＞軸と＜1～4＞軸の枠組み（板書：点線囲み）で学習カードにまとめ、グループ内で発表させる。事前に教師自身のスポーツライフを例示してもよい。

4 様々な楽しみ方があることについてまとめる

様々な楽しみ方ができるね

　高校生、成人、高齢者などが実際にどのような楽しみ方をしているか、複数の事例を紹介した上で、年齢や生活スタイルに応じて、自分に合う楽しみを見付けたり工夫したりすることが大切であることを強調する（学習カード記入）。

2 体ほぐしの運動、体の動きを高める運動

（8 時間）

単元の目標

(1)次の運動を通して、体を動かす楽しさや心地よさを味わい、体つくり運動の意義と行い方、体の動き
を高める方法などを理解し、目的に適した運動を身に付け、組み合わせることができるようにする。
ア　体ほぐしの運動では、手軽な運動を行い、心と体との関係や心身の状態に気付き、仲間と積極的

単元計画（指導と評価の計画）

1時（導入・4月）	2〜4時（展開①・4月）
体つくり運動の学習について見通しをもつとともに、今の自分の体の状態を確かめる。	体の動き（柔らかさ、巧みさ、力強さ、動きの持続）それぞれのねらいに応じた運動の行い方を知る。
1　学習の進め方と今の自分の体力の状態を知ろう POINT：体つくり運動の学習を進めていく上で大切なことを確認する。自分の今の体の状態を把握する。 [主な学習活動] ○集合・あいさつ ○単元の目標や授業の進め方の確認 ○体ほぐしの運動 ・「気付き」をねらいとした運動。 ○知識の学習 ・体つくり運動の意義。 ○今の自分の体の状態を確かめる ・体の状態を確かめるセルフテストを行う。 ○知識確認チェック ○整理運動 ○学習を振り返る	2〜4　体の動きを高めるための運動の行い方を知ろう①②③ POINT：「体の柔らかさを高めるための運動」「巧みな動きを高めるための運動」「力強い動きを高めるための運動」「動きを持続する能力を高めるための運動」それぞれの動きを高める運動の行い方を知る。 [主な学習活動] ○集合・あいさつ・心や体のバロメーターの記録（運動前） ○本時の学習のねらいや流れの確認 ○体ほぐしの運動 ○態度の学習 ・健康・安全に留意すること。 ○体の動きを高める運動 ○知識の学習 ・体の動きを高める運動の行い方。 ○整理運動 ○心や体のバロメーターの記録（運動後） ○学習を振り返る
[評価計画] 知①②	[評価計画] 知③　思①　態③

単元の評価規準

知識・技能	
①体つくり運動には、心と体をほぐし、体を動かす楽しさや心地よさを味わう意義があることについて、言ったり書き出したりしている。 ②体つくり運動には、体の柔らかさ、巧みな動き、力強い動き、動きを持続する能力を高める意義があることについて、言ったり書き出したりしている。 ③体の動きを高めるには、安全で合理的に高める行い方があることについて、言ったり書き出したりしている。	※体ほぐしの運動は、技能の習得・向上をねらいとするものでないこと、体の動きを高める運動は、ねらいに応じて運動を行うとともにそれらを組み合わせることが主な目的となることから、「技能」の評価規準は設定していない。ただし、「体つくり運動」の「運動」については、主に「思考・判断・表現」に整理している。

に関わり合うこと。

イ　体の動きを高める運動では、ねらいに応じて、体の柔らかさ、巧みな動き、力強い動き、動きを持続する能力を高めるための運動を行うとともに、それらを組み合わせること。 　**知識及び運動**

(2)自己の課題を発見し、合理的な解決に向けて運動の取り組み方を工夫するとともに、自己や仲間の考えたことを他者に伝えることができるようにする。 　**思考力、判断力、表現力等**

(3)体つくり運動に積極的に取り組むとともに、仲間の学習を援助しようとすること、一人一人の違いに応じた動きなどを認めようとすること、話合いに参加しようとすることなどや、健康・安全に気を配ることができるようにする。 　**学びに向かう力、人間性等**

5〜7時（展開②・2月）	8時（まとめ・2月）
バランスのよい運動の組み合わせ方を理解し、自己の課題に合った運動の取り組み方を工夫する。	各々が考えた運動メニューを発表し合う。単元全体の学習を振り返る。
5〜7　バランスのよい運動の組合せ方を工夫しよう POINT：バランスのよい運動の組合せ方を確認し、運動の計画を立てる。立てた計画をペアで取り組み、修正して、自己の体力の課題に合った運動の取り組み方を工夫する。 [主な学習活動] ○集合・あいさつ・心や体のバロメーターの記録（運動前） ○本時の学習のねらいや流れの確認 ○体ほぐしの運動 ○知識の学習 ・バランスのよい運動の組合せ方。 ○体の動きを高める運動 ○運動の計画の立案・修正 ○態度の学習 ・仲間の学習を援助する。 ○整理運動 ○心や体のバロメーターの記録（運動後） ○学習を振り返る	**8　自分が考えた運動メニューを交流しよう** POINT：各々が立てたメニューを発表し合い、その中から「いち押しメニュー」を選ぶ。また、他のグループとも交流を行う。学習のまとめでは、これまでの学習の中で頑張ってきたことなどについて振り返る。 [主な学習活動] ○集合・あいさつ ○本時の学習のねらいや流れの確認 ○体ほぐしの運動 ○4人グループを編成し、各々が立てた運動メニューを発表し合う ○グループの中の「いち押しメニュー」を選ぶ ○グループで交流し、感想を伝え合う ○これまで学習したことを同じグループの仲間に説明したり、学習カードに書いたりする ○整理運動 ○単元全体の学習を振り返る
[評価計画] 　知③　思②③　態②	[評価計画] 　態①

思考・判断・表現	主体的に学習に取り組む態度
①体ほぐしの運動で、「心と体の関係や心身の状態に気付く」「仲間と積極的に関わり合う」ことを踏まえてねらいに応じた運動を選んでいる。 ②体の動きを高めるために、自己の課題に応じた運動を選んでいる。 ③仲間と話し合う場面で、提示された参加の仕方に当てはめ、仲間との関わり方を見付けている。	①体つくり運動の学習に積極的に取り組もうとしている。 ②仲間の補助をしたり助言したりして、仲間の学習を援助しようとしている。 ③健康・安全に留意している。

1 運動やスポーツの多様性
2 体ほぐしの運動・体の動きを高める運動
3 短距離走・リレー
4 ハードル走
5 ゴール型バスケットボール
6 健康・疾病生活習慣
7 水泳クロール・背泳ぎ

本時案

学習の進め方と今の
自分の体力の状態を知ろう

1/8

本時の目標

　本単元の学習内容や進め方を知るとともに、体つくり運動の意義について理解できるようにする。また、セルフテストを行い、今の自分の体力の状態を確認し、これからの学習に対して見通しをもつことができるようにする。

評価のポイント

　体ほぐしの運動や体の動きを高める運動の意義について、理解したことを言ったり書き出したりすることができたか。

中心活動における指導のポイント

point　学習への見通しをもつことと、知識の指導を中心に行う。体つくり運動の学習を行う目的について確認するとともに、手軽な運動を行うことを通して、実感を伴いながら、体つくり運動の意義について理解できるようにする。何のために体つくり運動の学習を行うのか、目的や意義が明確になるよう、確認を行ったり言葉かけを行ったりすることにより、学習を行うことへの必要感が得られるようにする。また、セルフテストをペアの仲間と一緒に行うことで、今の自分の体力の状態を確認し、これから行う体つくり運動の学習への見通しがもてるようにする。

本時の展開

	時	生徒の学習活動と指導上の留意点
オリエンテーション	5分	**集合・あいさつ** **単元の目標や授業の進め方の確認** ⑴単元の学習内容や授業の進め方を知る。 ⑵体つくり運動の学習の目的を確認する。 **1**
小学校での学習を振り返ろう	10分	**小学校で行った体つくり運動の学習を振り返りながら、手軽な運動を行う** ○リズムに乗って行う運動。 ・音楽に合わせたステップ。 ○仲間と動きを合わせて行う運動。 ・リーダーのまねをしながらランニング。
体つくり運動の意義	10分	**仲間と一緒に行った運動をもとに、体つくり運動の意義について確認する 2** ⑴体ほぐしの運動の意義について知る。 ⑵体の動きを高める運動の意義について知る。
今の自分の体力の状況を確認しよう	20分	**「セルフテスト」をペアの仲間と一緒に行い、今の自分の体力の状態について知る 3** ⑴「セルフテスト」（全14種類の運動で構成）をペアの仲間と一緒に行い、今の自分の体力の状態を知る。 ⑵セルフテストの結果をグラフに記入し、自分の体力の状況を分析する。気付いたことを学習カードに記入する。
まとめ	5分	**本時の学習について振り返る** ①体つくり運動の意義について、理解したことをオンラインツールなどの振り返り用フォームを使ってまとめる。 **2** ②本時の学習について振り返る。

1 オリエンテーション

○本単元の学習内容を確認する。
・「何のために行うのか」「学習を行うときに大切にしたいこと」等について確認する。
○学習のルールを確認する。
○授業の進め方を確認する。

2 体つくり運動の意義について知る

(1)小学校で行った体つくり運動の学習の様子を振り返りながら、手軽な運動を仲間と行う。また、運動を通して、「体ほぐしの運動」「体の動きを高める運動」それぞれの運動の意義について確認する。

体ほぐしの運動の意義

気付き 心と体の関係に気付く

関わり合い 仲間と関わり合う

心と体をほぐし、体を動かすことの楽しさや心地よさを味わうこと

【説明資料②】

(2)学習のまとめでは、オンラインツールの振り返り用フォームを活用し、体ほぐしの運動や体の動きを高める運動の意義について、理解したことを記入する。

体つくり運動の学習の振り返り
学習した内容を振り返ろう！

体ほぐしの運動の意義には、どのような意義があるでしょうか。

回答を入力

体の働きを高める運動の意義には、どのような意義があるでしょうか。

回答を入力

【振り返り用フォーム】

3 自分の今の体力の状態を確かめる

(1)ペアの仲間と一緒に「セルフテスト」をやってみる。
〈セルフテストで行う運動の内容〉
　「柔らかさ」に関する運動… 4種類
　「巧みな動き」に関する運動… 4種類
　「力強い動き」に関する運動… 4種類
　「動きを持続する能力を高める」運動… 2種類
・14種類の運動を行い、自分の体力の状況を確認する。
(2)セルフテスト結果表に記入することを通して、今の自分の体力の状態を分析する。自分の体力の課題は何か、どの動きを高めていくとよいのかを明確にする。

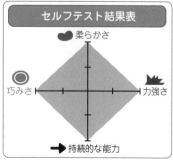

セルフテスト結果表

柔らかさ
巧みさ　力強さ
持続的な能力

1 運動やスポーツの多様性
2 体ほぐしの運動・体の動きを高める運動
3 短距離走・リレー
4 ハードル走
5 ゴール型 バスケットボール
6 健康・疾病 生活習慣
7 水泳 クロール・背泳ぎ

本時案

体の動きを高めるための
運動の行い方を知ろう①

本時の目標

「体の柔らかさを高めるための運動」「動きを持続する能力を高める運動」を取り上げ、それぞれのねらいに応じた動きを高めるための行い方について理解することができるようにする。

評価のポイント

体の動きを高めるには、安全で合理的に高める行い方があることについて、言ったり書き出したりすることができたか。

中心活動における指導のポイント

point 「体の柔らかさを高めるための運動」「動きを持続する能力を高めるための運動」の2つの動きを取り上げ、それぞれの動きを高める適切な運動の行い方が理解できるようにする。具体的な運動例とともに、運動ごとの行い方のポイントや安全に行うための留意点について、実際に運動を行いながら確認するようにし、実感を伴いながら、運動の行い方に関する知識が身に付くようにする。

本時の展開

	時	生徒の学習活動と指導上の留意点
はじめ	3分	**集合・あいさつ** **本時の学習内容の確認**
心や体のバロメーターの記録	2分	**運動を行う前の心や体がどのような調子かを確認する** 1 ○体の調子はどうか（体温・柔らかさ・疲労感）。 ○心の調子はどうか（意欲・仲間との関わり）。
体ほぐしの運動	7分	**緊張したり緊張を解いたりして脱力する運動** 2 ○1人や2人で行うストレッチ。
体の動きを高める運動	30分	**体の動きを高める運動に取り組む** 3 ○体の柔らかさを高めるための運動。 　→体を動かしながら複数の部位の柔らかさを高める行い方。 　→関節や筋肉を意識して、反動をつけずに高める行い方。 ○動きを持続する能力を高めるための運動。 　→1つの運動を繰り返す行い方。 　→複数の運動を継続する行い方。 **動きを通して、行い方に関する知識を確認する** 体の動きを高めるには、安全で合理的に高める行い方があること。
整理運動		**運動で使った部位をゆったりとほぐす** ○よく使った部位を中心にほぐす。
心と体のバロメーターの記録	3分	**運動を行う前と比べて心や体がどのような調子かを確認する** 1 ○体の調子はどうか（体温・柔らかさ・疲労感）。 ○心の調子はどうか（意欲・仲間との関わり）。 ○その他、活動を通して感じたことはどんなことか。
まとめ	5分	**オンラインツールなどを活用し、今日の学習を振り返る** ○ねらいに応じた運動の行い方について学んだことをまとめる。

1 運動やスポーツの多様性

2 体ほぐしの運動・体の動きを高める・運動

3 短距離走・リレー

4 ハードル走

5 ゴール型バスケットボール

6 健康・疾病生活習慣

7 水泳クロール・背泳ぎ

1 「心や体のバロメーター記録表」に記録する

目的	心や体の調子メーター	運動を通して感じたこと、特に記録しておきたいこと
(例)		今日は、楽しく運動ができて、心も体もすっきりした。久しぶりに友達と、一緒に運動をして、やっぱり運動するのって大事だなと思った。

【心と体のバロメーター記録表】

○心や体はどのような状態か、メモリの位置で今の状態を表す。

○運動前と運動後に記入をするようにし、運動前と後では、どのような違いがあるか、比較する。

○運動後は、心や体の状態に加え、他に気付いたことなど、記録に残しておきたいことも記述する。

2 体ほぐしの運動を行う（本時は「気付き」を中心に）

○**緊張したり緊張を解いて脱力したりする運動**

【1人や2人で行うストレッチ】

・背中や腰をトントン叩いたりゆらゆら揺らしたりする。

・足首を持ってぶらぶらする。

・足を折り曲げる。

・手のひらで背中をさする。

【押しずもう】　　【ペアで行う綱引き】

体の力を抜いてみると、いつもと違う感覚はあるかな？

心地よいところを確かめながらやってみよう。

3 体の動きを高める運動を行う

★**運動を行うことを通して、具体的な行い方やポイントが分かるような言葉かけを！**

○**体の柔らかさを高めるための運動**

 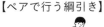

【肩や胸の筋肉を伸ばす】　【体の側屈】

＜行い方＞

全身や体の各部位を振ったり、回したり、ひねったり、曲げたり伸ばしたりして動かす。

どの部位が伸びたり曲がったりしているか意識してやってみよう。

【脚の振り上げ】　　【股関節伸ばし】

○**動きを持続する能力を高めるための運動**

＜行い方＞

・1つの運動またはいくつかの運動を組み合わせる。

・一定時間続ける、一定回数を繰り返す。

無理のない運動の強度と時間や回数を選んで行おう。

【短縄とび】　　【会話をしながらランニング】

本時案

体の動きを高めるための運動の行い方を知ろう②

3/8

本時の目標

「力強い動きを高める運動」を取り上げ、それぞれのねらいに応じた動きを高めるための行い方について理解することができるようにするとともに、安全に留意することの大切さについて考えることができるようにする。

評価のポイント

体の動きを高めるには、安全で合理的に高める行い方があることについて、言ったり書き出したりすることができたか、健康・安全に留意しているか。

中心活動における指導のポイント

point 「力強い動きを高めるための運動」を取り上げ、動きを高めるための適切な運動の行い方が理解できるようにする。具体的な運動例とともに、運動ごとの行い方のポイントや、安全に行うための留意点を示すようにし、運動の行い方に関する知識が身に付くようにする。健康・安全に留意することの意味を理解することができるようにする。

本時の展開

	時	生徒の学習活動と指導上の留意点
はじめ	3分	**集合・あいさつ** **本時の学習内容の確認**
心や体のバロメーターの記録	2分	**運動を行う前の心や体がどのような調子かを確認する** ○心や体の調子はどうか(体温・柔らかさ・疲労感)。 ○心の調子はどうか(意欲・仲間との関わり)。
体ほぐしの運動	15分	**仲間と動きを合わせたり、対応したりする運動** 1 ○仲間と動きを合わせたり、動きを対応したりする。
体の動きを高める運動	17分	**体の動きを高める運動に取り組む** 2 ○力強い動きを高めるための運動。 　→自分の体重を利用する、腕を屈伸したり同じ姿勢を維持したりする。 　→仲間や用具の重さを利用する、重い物を押したり引いたりする。 ○無理のない運動の強度と回数を選んで行うようにする。 **実際に運動をしながら、行い方に関する知識を確認する** 力強い動きを高めるには、人や物の重さを利用して、体の各部位を曲げ伸ばしたり、押し引きしたりする行い方があること。 **安全に留意して運動を行う場面を想起させ、行動につなげていくことが大切であることを確認する** 3 ○グループで意見を出し合う。
整理運動	5分	**運動で使った部位をゆったりとほぐす** ○よく使った部位を中心にほぐす。
心と体のバロメーターの記録	3分	**運動を行う前と比べて心や体がどのような調子かを確認する** ○心や体の調子はどうか。 ○その他、活動を通して感じたことはどんなことか。
まとめ	5分	**オンラインツールを活用し、今日の学習を振り返る** ○ねらいに応じた運動の行い方について学んだことをまとめる。

1 体ほぐしの運動を行う（本時は「関わり合い」を中心に）

○**仲間と動きを合わせたり、対応したりする運動**

【リーダーのまねをしながら】

【音楽に合わせて】

> 仲間と一緒に体を動かすと、心や体にどんな変化があるだろう？

> リズムにのって楽しく体を動かすと楽しさが他の人にも伝わっていくように感じられるね。

【人間知恵の輪】

【風船バレー】

★場面に応じた様々な言葉かけを行い、心や体の変化に気付くことや、仲間と関わり合いながら活動すると楽しさが増すことが実感できるように！

2 体の動きを高める運動を行う

○**力強い動きを高めるための運動**
→自分の体重を使用した運動

【腕立て伏せ】

【コンパス】

＜行い方＞
人や物の重さを利用して、体の各部位を曲げ伸ばしたり、上げ下ろししたり、押し引きしたりして動かす。

> どの部位に負荷がかかっているか、意識してやってみよう。

> 力を入れるときには、息を吐くようにしよう。

> 繰り返せる最大の回数を手掛かりにしよう。

【頭—腰—足が一直線になるように】

3 体つくり運動の学習の中で、「ヒヤリ」「ハット」な場面がないか、グループで話し合う

> 活動の中で、「ヒヤリ」「ハット」するような場面はないかな？

・急に重いものを持ち上げると怪我をするよ。
・用具を出しっぱなしにするのは危険だね。

★運動場面に当てはめて考えさせるようにし、場の安全を確かめたり、安全な行動を選択したりすることの大切さに気付けるように！

1 運動やスポーツの多様性
2 体ほぐしの運動・体の動きを高める運動
3 短距離走・リレー
4 ハードル走
5 ゴール型バスケットボール
6 健康・疾病生活習慣
7 水泳クロール・背泳ぎ

本時案

体の動きを高めるための 4/8
運動の行い方を知ろう③

本時の目標

・「巧みな動きを高めるための運動」のねらい
  に応じた動きを高めるための行い方について
  理解することができるようにする。
・体ほぐしの運動で、「心と体の関係や心身の
  状態に気付く」「仲間と積極的に関わり合う」
  ことを踏まえ、ねらいに応じた運動を選ぶこ
  とができるようにする。

評価のポイント

「心と体の関係や心身の状態に気付く」「仲間
と積極的に関わり合う」といったねらいに応じ
た運動を選ぶことができたか。

中心活動における指導のポイント

point 本時では、これまで行ってきた学
習から、巧みな動きを高めるための運動を
取り上げ、行い方に関する知識が身に付く
よう、動きを通して行い方のポイントを押
さえる。また、体ほぐしの運動では、これ
まで学んできたことを生かして、「ねらい
に応じた運動を選ぶ」ことに焦点を当て
る。グループで話し合い、それぞれのねら
いに合った運動を選ぶ活動を行うが、運動
例カードをホワイトボードに貼っておき、
その中から選択したり新たな運動の考えを
出し合えるようにする。

本時の展開

	時	生徒の学習活動と指導上の留意点
はじめ	3分	**集合・あいさつ** **本時の学習内容の確認**
心や体のバロメーターの記録	3分	**運動を行う前の心や体がどのような調子かを確認する** ○心や体の調子はどうか（体温・柔らかさ・疲労感）。 ○心の調子はどうか（意欲・仲間との関わり）。
体ほぐしの運動	15分	**「心と体の関係や心身の状態に気付く」「仲間と関わり合う」といった体ほぐしの運動のそれぞれのねらいに合った運動をグループで運動例から2つ選んで行う** 1
体の動きを高める運動	18分	**体の動きを高める運動に取り組む** 2 ○巧みな動きを高めるための運動。 　→バランスよく、リズムよく、タイミングよく、素早く。 ○いろいろなスポーツの技能が身に付きやすくなったり、体の動きが器用になったりすることを確認する。 **実際に運動をしながら、行い方に関する知識を確認する** ○怪我の予防のためには、いきなり動くのではなく、運動を少しずつ発展させていくとよいことについても押さえる。
整理運動	3分	**運動で使った部位をゆったりとほぐす** ○よく使った部位を中心にほぐす。
心と体のバロメーターの記録	3分	**運動を行う前と比べて心や体がどのような調子かを確認する** ○心や体の調子はどうか。 ○その他、活動を通して感じたことはどんなことか。
まとめ	5分	**オンラインツールなどを活用し、今日の学習を振り返る** ○ねらいに応じた運動の行い方について学んだことをまとめる。

1 体ほぐしの運動のねらいに合った運動を選んで行う

○体ほぐしの運動のねらい（「気付き」「関わり合い」）に合った運動をグループで2つずつ選び、全員で行う。

【体ほぐしの運動の行い方】

人数	1人で ペアで グループで クラス全員で
もの	用具（ボールや縄など）を用いて 音楽をかけながら
動き	緊張や脱力をする 仲間と動きを合わせる 仲間の動きに対応させる 動きに条件を付ける

行い方の条件をいろいろ変えながら、ねらいに合った運動を選んでやってみよう。

自分や仲間の心と体がどのように変化するか考えてみよう。

2 体の動きを高める運動を行う

○巧みな動きを高めるための運動

→リズミカルな運動

【ジャンプ】

【バンブーダンス】

→タイミングをとる運動

【フラフープを使って】

→バランスをとる運動

【人間エレベーター】　【バランスボールを使って】

＜行い方＞

いろいろな方法でタイミングよく跳んだり転がしたり、力を調整して投げたり、バランスを保ったり、リズミカルに跳んだり、素早く移動したりする。

運動を少しずつ発展させていくといいよ。意識してやってみよう。

易しい動き→難しい動き
ゆっくりした動き→素早い動き
小さい動き→大きい動き
弱い動き→強い動き

様々な用具や場で、様々な動きを行ってみよう。難しさを競うものではないよ。

→力を調整する運動

【ボールを使って】

1 運動やスポーツの多様性

2 体ほぐしの運動・体の動きを高める運動

3 短距離走・リレー

4 ハードル走

5 ゴール型バスケットボール

6 健康・疾病生活習慣

7 水泳クロール・背泳ぎ

本時案

バランスのよい運動の組合せ方を確認し、自分に合った運動の計画を立てよう ⑤/⑧

本時の目標

体の動き（体の柔らかさ、巧みな動き、力強い動き、動きを持続する能力）をバランスよく高める運動の行い方を理解し、自己の体力の状態に応じて、バランスよく運動を組み合わせることができるようにする。

評価のポイント

体の動きを高めるには、安全で合理的に高める行い方があることについて言ったり書き出したりしているか。

中心活動における指導のポイント

point　体の動き（体の柔らかさ、巧みな動き、力強い動き、動きを持続する能力）をバランスよく高める運動の行い方について、メニュー例やポイントを示すとともに、具体例を示しながら、行い方のポイントを説明することを通して、必要な知識を押さえていく。また、「何のために」「どの動きを組み合わせたのか」「無理な運動になっていないか」と明確な視点をもたせ、ペアでのアドバイスができるようにすることで、3～5種類の運動を組み合わせた10分間の運動メニューを立案できるようにする。

本時の展開

	時	生徒の学習活動と指導上の留意点
はじめ	3分	**集合・あいさつ** **本時の学習内容の確認**
心や体のバロメーターの記録	2分	**運動を行う前の心や体がどのような調子かを確認する** ○体の調子はどうか（体温・柔らかさ・疲労感）。 ○心の調子はどうか（意欲・仲間との関わり）。
体ほぐしの運動	7分	**仲間と協力して、運動課題に挑戦する** **1** ○仲間と動きを合わせる運動を行い、仲間とともに体を動かす楽しさや心地よさを味わう。
体の動きを高める運動	30分	**体の動きを高める運動を行うときのポイントを確認する** **2** 〈ポイント〉 　→行っている運動のねらいは何か？ 　→無理をした運動をしていないか？ 　→自分の体力レベルに合った内容になっているか？ **ペアの仲間と一緒に動いてやってみながら、3～5種類の運動例をバランスよく組み合わせた10分間の運動メニューを立てる**
整理運動	3分	**運動で使った部位をゆったりとほぐす** ○よく使った部位を中心にほぐす。
心と体のバロメーターの記録		**運動を行う前と比べて心や体がどのような調子かを確認する** ○心や体の調子はどうか、その他、活動を通して感じたことはどんなことか。
まとめ	5分	**オンラインツールなどを活用し、今日の学習を振り返る** ○ねらいに応じた運動の行い方について学んだことをまとめる。

1 仲間と協力して運動課題に挑戦する

○仲間と動きを合わせる運動や仲間やグループで課題を達成する運動を行う。

【大縄跳び】

・回数や人数など、条件をいろいろと変えて行う。
・グループごとに目標を決め、立てた目標を達成できるように挑戦する。

> グループの凝集性を高め、積極的に関わりやすい雰囲気をつくることを大切にする。

【マシュマロリバー】

・川渡りの場をつくり、グループの仲間と落ちずに渡り切れるかどうか挑戦する。

> 仲間と関わり合う活動では、互いの頑張りを認め合うことが欠かせません。ハイタッチや拍手など、互いの頑張りを認め合おう！

2 バランスよく体の動きを高める運動の行い方を確認する

○3～5種類の運動を組み合わせ、10分間の運動メニューを立てる。
○メニュー例やポイントを参考にし、運動の種類や量、時間を考慮し、立案する。

体の動きを高める運動を行うときのポイント
・行っている運動のねらいは何か？
・無理をした運動をしていないか？
・自分の体力レベルに合っているか？

> 偏りなく、自分に合った運動メニューにしよう！

【メニュー例①】
　力強さを高めて、もっとパワーをつけたい。

【メニュー例②】
　素早く、器用に動けるようになりたい。

○ペアで互いにアドバイスをし合い、確かめながら活動する。

1 運動やスポーツの多様性

2 体ほぐしの運動・体の動きを高める運動

3 短距離走・リレー

4 ハードル走

5 ゴール型バスケットボール

6 健康・疾病生活習慣

7 水泳クロール・背泳ぎ

本時案

バランスのよい運動の 組合せに挑戦しよう

6-7 / 8

本時の目標

チェックポイントに沿って、アドバイスし合いながら活動することを通して、自己の体力の状況に応じて、バランスよく体の動きを高める運動例の組合せを選ぶことができるようにする。

評価のポイント

自己の体力の状態に応じて、バランスよく体の動きを高める運動例の組合せを選ぶことができたか。

中心活動における指導のポイント

point 前時に作成した運動メニューが、自己の体力の状況に応じたバランスのよい組合せになるよう、見直しを行うことが本時の活動の中心となる。まずは、各々が作成したメニューをペアの仲間と一緒に動いてやってみて、気付きをペアの仲間に伝えたり、学習カードに記録したりする。また、運動後に、運動を見直す3つのポイントを示すことで、ペアの仲間と改善点を発見し、見直しの活動につながっていくようなアドバイスが行えるようにする。

本時の展開

	時	生徒の学習活動と指導上の留意点
はじめ	3分	**集合・あいさつ** **本時の学習内容の確認**
心や体のバロメーターの記録	2分	**運動を行う前の心や体がどのような調子かを確認する** ○体の調子はどうか（体温・柔らかさ・疲労感）。 ○心の調子はどうか（意欲・仲間との関わり）。
体ほぐしの運動	7分	**仲間と協力して、運動課題に挑戦する** ○仲間やグループで課題を達成する運動に取り組む。
体の動きを高める運動	30分	**各自が立てた運動メニューに沿って、ペアの仲間と10分間の運動を行う** 1 ○各自が計画した運動メニューを仲間と協力して行う。 ○行ってみて気付いたことをメモしながら行う。 **チェックポイントに沿ってアドバイスし合い、運動メニューの見直しを行う** 2 ○振り返りの視点を示し、視点に沿った話合いを行う。 **仲間の運動メニューの見直しがよりよく行えるよう、仲間に助言する** 3
整理運動	3分	**運動で使った部位をゆったりとほぐす** ○よく使った部位を中心にほぐす。
心と体のバロメーターの記録		**運動を行う前と比べて心や体がどのような調子かを確認する** ○心や体の調子はどうか、その他、活動を通して感じたことはどんなことか。
まとめ	5分	**オンラインツールなどを活用し、今日の学習を振り返る** ○ねらいに応じた運動例の組合せについて学んだことをまとめる。

1 運動やスポーツの多様性

2 体ほぐしの運動・体の動きを高める運動

3 短距離走・リレー

4 ハードル走

5 ゴール型バスケットボール

6 健康・疾病生活習慣

7 水泳クロール・背泳ぎ

1 各自が立てた運動メニューに沿って、ペアの仲間と10分間の運動を行う

○各自が計画した運動メニューを仲間と協力して行う。
○行ってみて気付いたことを振り返り欄にメモしながら行う。

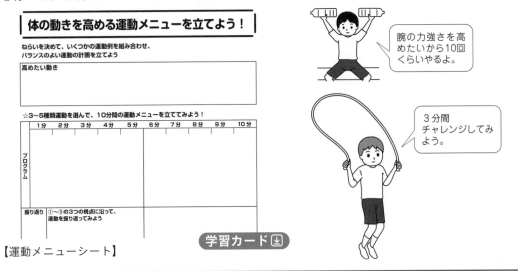

体の動きを高める運動メニューを立てよう！

ねらいを決めて、いくつかの運動例を組み合わせ、
バランスのよい運動の計画を立てよう

高めたい動き

☆3～5種類運動を選んで、10分間の運動メニューを立ててみよう！

	1分	2分	3分	4分	5分	6分	7分	8分	9分	10分
プログラム										

振り返り ①～③の3つの視点に沿って、運動を振り返ってみよう

【運動メニューシート】

学習カード⤓

腕の力強さを高めたいから10回くらいやるよ。

3分間チャレンジしてみよう。

2 チェックポイントに沿ってアドバイスし合い、運動メニューの見直しを行う

○チェックポイントに沿った話合いから、立てた計画が自己の体力に合っているかを振り返る。

運動メニューを見直すチェックポイント

①高めたい動きに関わる運動が組み込まれているか？
②運動の強度、時間、回数は自分に合ったものになっているか？
③組合せ方は適切か？

体調によっては量を減らすことも大切です！重いものを持って運動するときや難しい運動を行うときには、仲間と補助し合って行うことも考えてみよう。

やっていて、少ししんどそうに見えたけど…。

少し無理な組合せだったから、ランニングの時間を減らそうかな。

3 仲間の運動メニューの見直しが、よりよく行えるよう、仲間に助言する

○なぜ、何のために、仲間の学習を援助するのか、意味について考える。また、学習の様子を振り返り、仲間と学習を援助し合った場面を出し合う。

〈なぜ、何のために〉
仲間の学習を援助することは、自己の能力を高めたり、仲間との連帯感を高めて気持ちよく活動したりすることにつながる。

大縄跳びで記録に挑戦していたときに、みんなで声かけをして跳んだから、楽しく活動ができた。

運動メニューを見直すときに、自分のいいところも見付けてくれてやる気になった。

本時案

自分が考えた運動メニューを交流しよう

⑧⁄₈

本時の目標

これまでの学習の中で作成してきた運動メニューを発表し合い、計画の立て方や取り組み方のよさについて気付いたことを伝え合うとともに、これまでの体つくり運動の学習の中で頑張ってきたこと、自己の成長を感じたことなどについて振り返り、学習のまとめができるようにする。

評価のポイント

これまで学習してきたことを他の生徒に伝えたり、学習カードにまとめたりするなど、体つくり運動に積極的に取り組もうとしているか。

中心活動における指導のポイント

point 体ほぐしの運動や体の動きを高める運動で学習したことを振り返るとともに、今後の生活の中で生かしていけるよう、学習したことに達成感が味わえるようにする。グループで「いち押しメニュー」を選んだり、仲間と学習を振り返り、伝え合ったりする活動では、仲間の発言を肯定的に受け止めた上で、自分の考えを伝えるなど、これまで学んできたことを生かす活動となるようにする。

本時の展開

	時	生徒の学習活動と指導上の留意点
はじめ	3分	**集合・あいさつ** **本時の学習内容の確認**
心や体のバロメーターの記録	3分	**心や体がどのような調子かを確認する** ○心の調子はどうか。 ○体の調子はどうか。
体ほぐしの運動	10分	**仲間と協力して、運動課題に挑戦する** ○仲間やグループで課題を達成する運動に取り組む。
体の動きを高める運動	25分	**4人グループを編成し、各自が考えた運動メニューを発表し合う** ○交流の際は、他者の計画を批判するのではなく、肯定的によいところを見いだした上で、意見を出し合うようにする。 **グループの中で「いち押しメニュー」を選ぶ** 1 ○「楽しさ」「安全性」「ねらいとの合致」「実効性」の4つの観点から話し合い、選定する。 ○選んだメニューをグループの仲間と一緒に行う。 **これまで学習してきたことを同じグループの仲間に説明したり、学習カードに書いたりする** ○これまでの体つくり運動の学習で頑張ってきたこと、自己の成長を感じたことなどを振り返る。
心と体のバロメーターの記録	3分	**運動を行う前と比べて心や体がどのような調子かを確認する** ○心や体の調子はどうか、その他、活動を通して感じたこと。
まとめ	6分	**オンラインツールなどを活用し、学習を振り返る** 2 ○本時の学習を振り返り、考えたことなどを記入する。

1	運動やスポーツの多様性
2	**体ほぐしの運動・体の動きを高める運動**
3	短距離走・リレー
4	ハードル走
5	ゴール型バスケットボール
6	健康・疾病生活習慣
7	水泳クロール・背泳ぎ

1 グループの中で「いち押しメニュー」を選ぶ

○４つの視点に基づき、グループ内で話合いを行い、「いち押しメニュー」を選定する。

○話合いの際には、他者を批判するのではなく肯定的に受け止め、よい点を見いだしながら、意見交流が行えるようにする。

『いち押しメニュー』を選ぶ視点

①「楽しさ」→楽しく行えるか？

②「安全性」→安全に行えるか？

③「ねらいとの合致」

　→どの動きを高めることをねらいとして考えたか？

④「実効性」→無理のない計画になっているか？

話合いの際に留意すること

・肯定的によいところを見いだそう。

・仲間のアドバイスは否定せずに受け入れよう。

・相手にとっても自分にとっても次につながる参考となるような指摘をしよう。

> 自分では、こういう組合せは思いつかなかったから、おもしろいと思ったし、楽しく行えそうだからいいよ。

2 学習の振り返り（オンラインツールなどを使う）

○これまでの学習を振り返り、学習の理解度や活用度などを自己評価する。

【知識の理解度、活用度チェック表】

チェック項目	理解度	活用度
体つくり運動には、体の柔らかさ、巧みな動き、力強い動き、動きを持続する能力を高める意義があること		
体ほぐしの運動には、心や体の関係や心身の状態に気付く、仲間と積極的に関わり合うというねらいに応じた行い方があること		
体の動きを高めるには、安全で合理的に高める行い方があること		

【思考・判断・表現の理解度、活用度チェック表】

チェック項目	理解度	活用度
体ほぐしの運動で、ねらいに応じた運動を選んでいること		
体の動きを高めるために、自己の課題に応じた運動を選んでいること		
話合いの場面で、仲間との関わり方を見付けていること		

【態度の学習の実現状況チェック表】

チェック項目	理解度		活用度	
	なぜ	何を	意識した	取り組めた
体つくり運動の学習に積極的に取り組もうとすること				
仲間の補助をしたり助言したりして、仲間の学習を援助しようとすること				
健康・安全に留意すること				

※オンラインツールなどを使うことで、生徒にとっては、効率的に学習の記録を残すことができる。また、教師にとっては、生徒のこれまでの学習の状況を手軽に確認することができる。

3 短距離走・リレー

（6時間）

単元の目標

(1)次の運動について、記録の向上や競争の楽しさや喜びを味わい、（陸上競技の特性や成り立ち）、（技術の名称や行い方）、その運動に関連して高まる体力などを理解するとともに、基本的な動きや効率のよい動きを身に付けることができるようにする。

単元計画（指導と評価の計画）

1時（導入）	2・3時（展開①）
単元の学習内容を知り、既習の動き（短距離走の走り方やリレーの行い方など）を振り返る。	短距離走の自己の課題を見付けるとともに、タイミングのよいバトンの受渡しの仕方を理解する。
1 学習の進め方と自己の課題を知ろう POINT：既習の学習を振り返り、短距離走・リレーの学習を進めていく上で大切なことや約束事を確認する。 [主な学習活動] ○集合・あいさつ・健康観察 ○単元の目標や学習の道筋の確認 ○準備運動・感覚つくりの運動 ○短距離走（動画撮影） ・タイムリミット走（8秒間走） ○リレー（動画撮影） ・リレー競走 ○整理運動 ○学習の振り返り ○健康観察・あいさつ	**2・3 素早いスタートとバトンの受渡しを身に付けよう** POINT：短距離走では、クラウチングスタートと加速の仕方のポイントを学ぶ。リレーでは、バトンの受渡しのポイントを理解し取り組む。 [主な学習活動] ○集合・あいさつ・健康観察 ○本時のめあての確認 ○準備運動・感覚つくりの運動 ○短距離走（動画撮影） ・クラウチングスタートと加速 ・タイムリミット走（3秒間走） ○リレー（動画撮影） ・バトンの受渡しの仕方 ・リレー競走 ○整理運動 ○学習の振り返り ○健康観察・あいさつ
[評価計画] 知① 態④	[評価計画] 2時：思①／態①③ 3時：技①

単元の評価規準

知識・技能	
○知識 ①陸上競技は、自己の記録に挑戦したり、競争したりする楽しさや喜びを味わうことができることについて、言ったり書き出したりしている。 ②陸上競技は、それぞれの種目で主として高まる体力要素が異なることについて、学習した具体例を挙げている。	○技能 ①クラウチングスタートから徐々に上体を起こしていき加速することができる。 ②自己に合ったピッチとストライドで速く走ることができる。 ③リレーでは、次走者がスタートするタイミングやバトンを受け渡すタイミングを合わせることができる。

ア　短距離走・リレーでは、滑らかな動きで速く走ることやバトンの受渡しでタイミングを合わせることができるようにする。

知識及び技能

(2)動きなどの自己の課題を発見し、合理的な解決に向けて運動の取り組み方を工夫するとともに、自己の考えたことを他者に伝えることができるようにする。

思考力、判断力、表現力等

(3)陸上競技に積極的に取り組むとともに、勝敗などを認め、ルールやマナーを守ろうとすること、分担した役割を果たそうとすること、（一人一人の違いに応じた課題や挑戦を認めようとすること）（など）や、健康・安全に気を配ることができるようにする。

学びに向かう力、人間性等

4・5時（展開②）	6時（まとめ）
短距離走で、自己の課題に適した練習方法を選んで課題解決に取り組むとともに、タイミングのよいバトンの受渡しの仕方を身に付ける。	自己の課題の解決を目指して練習し、リレー大会を行う。

4・5　滑らかな動きの走りとタイミングのよいバトンの受渡しをしよう	6　走力の伸びを確認し、リレー大会をしよう
POINT：短距離走では、適切なピッチとストライドで大きくリズミカルに走るためのポイントを学ぶ。リレーでは、タイミングのよいバトンの受渡しのためのポイントを理解し取り組む。 [主な学習活動] ○集合・あいさつ・健康観察 ○本時のめあての確認 ○準備運動・感覚つくりの運動 ○短距離走（動画撮影） ・ピッチとストライドの理解 ・タイムリミット走（5秒間走） ○リレー（動画撮影） ・走り出しのタイミング ・バトンの受渡し ・リレー競走 ○整理運動 ○学習の振り返り ○健康観察・あいさつ	POINT：自己の走力の伸びをタイムリミット走で確認し、仲間とリレー大会をして、短距離走・リレーを楽しむ。 [主な学習活動] ○集合・あいさつ・健康観察 ○本時のめあての確認 ○準備運動・感覚つくりの運動 ○短距離走（8秒間走） ○リレー ・走り出しのタイミング ・バトンの受渡し ・リレー大会 ○整理運動 ○単元の学習の振り返り ○健康観察・あいさつ
[評価計画]　4時：技② 　　　　　　　5時：知②／思③／態②	[評価計画]　技③　思②

思考・判断・表現	主体的に学習に取り組む態度
①提示された動きのポイントやつまずきの事例を参考に、仲間の課題や出来映えを伝えている。 ②練習や競争する場面で、最善を尽くす、勝敗を受け入れるなどのよい取組を見付け、理由を添えて他者に伝えている。 ③体力や技能の程度、性別等の違いを踏まえて、仲間とともに楽しむための練習や競争を行う方法を見付け、仲間に伝えている。	①陸上競技の学習に積極的に取り組もうとしている。 ②勝敗などを認め、ルールやマナーを守ろうとしている。 ③用具等の準備や片付け、記録などの分担した役割を果たそうとしている。 ④健康・安全に留意している。

1　運動やスポーツの多様性

2　体ほぐしの運動・体の動きを高める運動

3　短距離走・リレー

4　ハードル走

5　ゴール型バスケットボール

6　健康・疾病生活習慣

7　水泳クロール・背泳ぎ

本時案

学習の進め方と
自己の課題を知ろう

① / ⑥

本時の目標

　短距離走・リレーの行い方を知るとともに、自己の課題を知ることができるようにする。

評価のポイント

　短距離走・リレーの行い方を知り、健康・安全に留意して学習することができたか。

中心活動における指導のポイント

- -

point　感覚つくりの運動の時間では、シンプルな動きを滑らかに行うように声かけをしていく。

　タイムリミット走（8秒間走）は、自分の今の走力を把握することを目的として行う。走る生徒、記録を確認する生徒、記録を記入する生徒、動画撮影をする生徒など、分担された役割をしっかり果たすように指導することが大切である。

本時の展開

	時	生徒の学習活動と指導上の留意点
はじめ	5分	**集合・あいさつ・健康観察** ○グループごとに整列する。 **単元の目標や学習内容の確認** ○単元で学習することや約束事を知る。
準備運動・感覚つくりの運動	10分	**準備運動・感覚つくりの運動をする** ○足首、手首、膝などを動かす。 ○短距離走につながる感覚つくりの運動をする。**1** 　・変形ダッシュ 　・バウンディング（島渡り走）
短距離走リレー	25分	**場や用具の準備をする** ○短距離走・リレーの場を確認する。 **短距離走に取り組む** ○タイムリミット走（8秒間走）。**2** 　・各自の記録を計測し、学習カードに記入する。 　・ICT機器を用いて動きを動画撮影する。 **リレーに取り組む** **3** ○リレー競走。 　・ICT機器を用いて動きを動画撮影する。 　・チームで記録を確認し、記録を学習カードに記入する。 **用具を片付ける**
整理運動	3分	**整理運動** ○使ったところをゆったりとほぐす。
まとめ	7分	**本時の学習について振り返る** ○自己の記録を学習カードに記入する。 　・チームで話し合い、各自の課題を確認する。 ○次時の学習予定を知る。 ○健康観察・あいさつ。

1 運動やスポーツの多様性

2 体ほぐしの運動・体の動きを高める運動

3 短距離走・リレー

4 ハードル走

5 ゴール型バスケットボール

6 健康・生活習慣・疾病

7 水泳クロール・背泳ぎ

1 感覚つくりの運動例

変形ダッシュでは、様々な姿勢から、素早く自分の重心を前方に運んで走り出すことをポイントにする。徐々にクラウチングスタートに近付けていくためには、「うつ伏せ⇒腕立て伏臥⇒クラウチングスタート」の順で行うのもよい。

うつ伏せの姿勢から

あお向けの姿勢から

長座の姿勢から

○バウンディング（島渡り走）

しっかり地面を蹴って前方に進むために、バウンディングを行う。遊びの要素を取り入れるのであれば、スタートラインとゴールラインの間に複数の色の輪の間隔をランダムに配置し、あらかじめ決めた色の輪のみを踏みながらゴールまで進むという活動を行うのもよい。

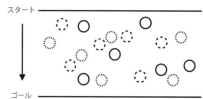

2 タイミリミット走（8秒間走）

決められた時間で何m走れるかを確認するための活動。生徒はスタートの合図で走り出し、そこから8秒間、全力疾走する。ここでは、①8秒間で50mを走りきることができるかどうか、②8秒間で何m走ることができるか、という2つのことを確認する。

活動の際には、上の①と②を確認することに加えて、50mを通過したときのタイムも記録しておくと、リレーの基準タイムを求めやすくなる。

スタート	10	20	30	40	50

3 リレー競走（4名×100m）

リレーは、①バトンの受渡しでタイムが縮まること、②そのためにバトンパスの練習が大切になることを生徒が理解して活動することが大切になる。単元はじめの段階でのタイムを記録し、そこから目標タイムを決めるようにする。

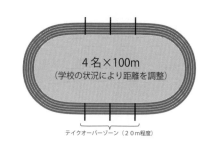
4名×100m
（学校の状況により距離を調整）
テイクオーバーゾーン（20m程度）

本時案

素早いスタートとバトンの受渡しを身に付けよう

2-3/6

本時の目標

素早いスタートの仕方と減速の少ないバトンの受渡しの仕方を身に付けることができるようにする。

評価のポイント

クラウチングスタートからスムーズに加速して走ることや、自分や仲間の課題を見付けて伝えることができたか。

中心活動における指導のポイント

point 短距離走では、クラウチングスタートの仕方には3種類あることを知り、自分に適したスタートの方法を見付けられるようにする。

リレーでは、バトンの受渡しの方法が複数あることを知り、自分たちのチームに適した方法を、練習を通して見付けるようにする。

本時の展開

	時	生徒の学習活動と指導上の留意点
はじめ	3分	**集合・あいさつ・健康観察** ○グループごとに整列する。 ○本時のめあての確認。 　・本時の学習内容を知る。
準備運動・感覚つくりの運動	10分	**準備運動・感覚つくりの運動をする** ○足首、手首、膝などを動かす。 ○短距離走につながる運動をする。 **1** 　・しっぽ走 　・ミニハードル走
短距離走・リレー	30分	**場や用具の準備をする** **短距離走（動画撮影）** ○クラウチングスタートと加速の練習。 　・クラウチングスタートの種類とポイントの理解。 **2** ○タイムリミット走（3秒間走）。 **リレー（動画撮影）** ○バトンの受渡しの仕方と練習。 **3** 　☞手バトンの受渡しの仕方の種類とポイント。 ○リレー競走。 ○チームで勝敗を確認し、記録を学習カードに記入する。
整理運動	2分	**整理運動** ○使ったところをゆったりとほぐす。
まとめ	5分	**本時の学習について振り返る** ○自分の記録を学習カードに記入する。 　・チームで話し合い、各自の課題を確認する。 ○次時の学習予定を知る。 ○健康観察・あいさつ。

1 感覚つくりの運動例

○しっぽ走

2人組になり、走る人としっぽを持つ人を決める。しっぽはスズランテープを4m前後に切って作成する。しっぽを持つ人は、頭の高さや肩、腰、膝などいくつかの高さを決めて、その高さにしっぽをセットし、スタートの合図と同時にしっぽを離す。走る人はスタートの合図で走り出し、ゴールラインを通過するまでしっぽが地面に落ちなければ達成となる。

よういスタート
パッと放す
しっぽが地面に着かないようにスタートダッシュ

〈滑らかな加速〉

○ミニハードル走

1レーンに4〜5台、ミニハードルを等間隔（5〜6m程度）に設置し、そのコースをリズミカルに走り越す。最後まで無理なく楽しく、走りのリズムを身に付けることができる。

5〜6m

〈リズミカルなピッチとストライド〉

2 クラウチングスタートの種類

クラウチングスタートには、スタートラインと足の位置によって「バンチスタート」「ミディアムスタート」「エロンゲーテッドスタート」の3種類がある。自分に合ったスタートの仕方を見付けられるよう、声かけをする。また、スタートラインに前足を揃える生徒がいた場合は、前の足を1〜1.5足長程度、後ろに下げて構えるようにアドバイスするとよい。

①バンチスタート

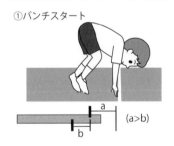

a
b
(a>b)

②ミディアムスタート

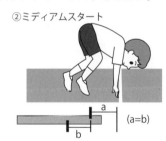

a
b
(a=b)

③エロンゲーテッドスタート

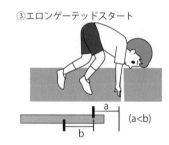

a
b
(a<b)

3 バトンの受渡しの仕方とポイント

○オーバーハンドパス

・次走者が前を向いたままでバトンを受けるオーバーハンドパス。
☞利得距離は長いが、次走者が腕を後ろに伸ばすことで疾走動作が一時的に妨げられるので加速に若干の影響が想定される。

○アンダーハンドパス

・次走者が前を向いたままでバトンを受けるアンダーハンドパス。
☞利得距離は短いが、疾走動作を維持できるので加速しやすい。

1 運動やスポーツの多様性
2 体ほぐしの運動・体の動きを高める運動
3 短距離走・リレー
4 ハードル走
5 ゴール型バスケットボール
6 健康・疾病生活習慣
7 水泳クロール・背泳ぎ

本時案

滑らかな動きの走りとタイミングのよいバトンの受渡しをしよう

本時の目標

ピッチとストライドの関係を理解した走りを知り、鋭い走り出しからのバトンパスができるようにする。

評価のポイント

自分に適した滑らかな動きの走りを身に付けるとともに、減速の少ないバトンパスができているかどうか。

中心活動における指導のポイント

point 短距離走では、自分に合ったピッチとストライドの関係など、よい走り方のポイントを理解して練習するように指導する。

リレーでは、減速の少ないバトンパスになるよう、バトンを受け取る人の走り出しの姿勢や走り方のポイントを理解して練習できるようにするとよい。

本時の展開

	時	生徒の学習活動と指導上の留意点
はじめ	3分	**集合・あいさつ・健康観察** ○グループごとに整列する。 ○本時のめあての確認。 　・本時の学習内容を知る。
準備運動・感覚つくりの運動	10分	**準備運動・感覚つくりの運動をする** ○足首、手首、膝などを動かす。 ○短距離走につながる運動をする。**1** 　・追いかけ走 　・向かい合い走
短距離走リレー	30分	**場や用具の準備をする** **短距離走（動画撮影）2** ○ピッチとストライドの理解と練習。 ○短距離走の走り方のポイント確認。 ○タイムリミット走（5秒間走）。 **リレー（動画撮影）** ○バトンの受渡しの練習（走り出しのタイミング）。**3** ○リレー競走。 **チームで勝敗を確認し、記録を学習カードに記入する** **用具を片付ける**
整理運動	2分	**整理運動** ○使ったところをゆったりとほぐす。
まとめ	5分	**本時の学習について振り返る** ○自分の記録を学習カードに記入する。 　・チームで話し合い、各自の課題を確認する。 ○次時の学習予定を知る。 ○健康観察・あいさつ。

1 感覚つくりの運動例

○追いかけ走

　2人1組になり、スタートの合図で両者が同じ方向に走り出す。30m程度の距離を設定し、前の走者は後ろの走者にタッチされないようにダッシュする。後ろの走者は追いついてタッチしたら勝ちとなる。

○向かい合い走

　40〜50m程度のコースを設定し、その両端から中央に向かって2人の走者がスタートの合図で走り出す。コース中央に置いてあるコーンに先にタッチしたほうが勝ちとなる。安全確保のため、2人の走者はそれぞれがコーンの左側（あるいは右側）を走るようにし、衝突することがないよう配慮する。

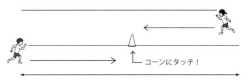

〈短距離走につながる運動例〉

2 短距離走の走り方のポイント

「速く走る」ためには」「スピードを高める」ことが求められる。

「スピード」とは？➡スピード　＝　ピッチ（一定時間内の歩数）× ストライド（1歩の歩幅）

☞速く走るためには、一定時間内の歩数を増やす（脚の回転数を上げる）ことと、歩幅を大きくすることが必要条件となる。素早く力強い走りになるためには、地面をしっかり蹴った後、脚を素早く入れ替えて、膝を前に戻すように走ることが大切になる。また、自分に合ったピッチとストライドを見付けることも意識させる。

3 バトンの受渡しの練習のポイント

　お互いがトップスピードに近い速さのときにパスするのが、最も減速の少ないバトンの受渡しになる。そのために、バトンを受け取る人は、バトンを持って走ってくる仲間の動きに集中して待つようにする。スタートマークまで来たらバトンを持っている人は「ゴー」と言い、それと同時に待っている人が走り出す。バトンを渡せる距離になったら「ハイ」と声をかけ、出された手にバトンを渡す。

　この動きに慣れるためにも、スタートマークを設定した場での追いかけ走などのやさしい活動を取り入れるのもよい。

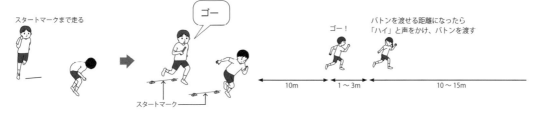

1 運動やスポーツの多様性

2 体ほぐしの運動・体の動きを高める運動

3 短距離走・リレー

4 ハードル走

5 ゴール型バスケットボール

6 健康・疾病・生活習慣

7 水泳クロール・背泳ぎ

本時案

走力の伸びを確認し、リレー大会をしよう

6/6

本時の目標

　短距離走の課題解決とリレー大会を通して、単元のまとめをすることができるようにする。

評価のポイント

　リレーではタイミングのよいバトンパスをすることができたかどうか、また学習を通して互いの取組を認め、他者に伝えているかどうか。

中心活動における指導のポイント

point　短距離走では、自己の課題解決のための練習に視点を明確にして取り組めているかを見取り、個々の課題に応じて取り組めるような働きかけをするとよい。

　リレーでは、タイミングのよいバトンの受渡しができているかどうかに着目して助言する。また、生徒が短距離走を楽しみながらその成果を仲間と共有するという目的をもってリレー大会を展開する。

本時の展開

	時	生徒の学習活動と指導上の留意点
はじめ	3分	**集合・あいさつ・健康観察** ○グループごとに整列する。 ○本時のめあての確認。 　・本時の学習内容を知る。
準備運動・感覚つくりの運動	10分	**準備運動・感覚つくりの運動をする** ○足首、手首、膝などを動かす。 ○短距離走につながる運動をする。**1** 　・ライン走 　・コーナー走
短距離走リレー	30分	**場や用具の準備をする** **短距離走（8秒間走）に取り組む 2** ○自己の課題解決のための練習に取り組む。 ○8秒間走をして、学習の成果を確認する。 **リレーに取り組む 3** ○走り出しのタイミングを合わせる練習をする。 ○バトンの受渡しの練習をする。 ○リレー大会をする。 **用具を片付ける**
整理運動	2分	**整理運動** ○使ったところをゆったりとほぐす。
まとめ	5分	**単元の学習について振り返る** ○自分の記録を学習カードに記入する。 　・チームで話し合い、学習の成果を確認する。 ○単元の学習を振り返る。 ○健康観察・あいさつ。

1
運動やスポーツの多様性

2
体ほぐしの運動・体の動きを高める運動

3
短距離走・リレー

4
ハードル走

5
ゴール型バスケットボール

6
健康・疾病生活習慣

7
水泳クロール・背泳ぎ

1 感覚つくりの運動例

○ライン走

ラインを1本引いて、そのライン上をまっすぐに走る。このことで安定した無駄のない走りを導くことができる。

○コーナー走

緩やかなコーナーが続くようなコースをつくり、そのラインに沿ってリズミカルに走る。コーナーでは内側に体を傾けながら、無駄のない走りを経験できるようにする。

2 8秒間走の行い方

短距離走のまとめで「8秒間走」を行うのもよい。第1時のタイムリミット走ではスタート位置が同じで、8秒間経ったところでは各自ゴール位置が異なっていたが、ここではスタート位置を各自の走力に合わせて設定し（8秒間で進むことのできる距離）、8秒経ったところで全員がゴールラインで横並びになるような形で競走する。

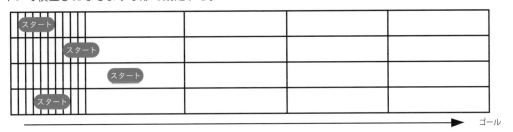

3 リレーの技術ポイントの確認

リレーにおけるバトンの受渡しは、バトンを持っている走者とバトンを受け取る走者の両方が、トップスピードに近い速さで受渡しを行うのが望ましい。バトンの受渡しの様子を見取る際には、右図にあるように、走者同士のスピードを見取るようにするとよい。

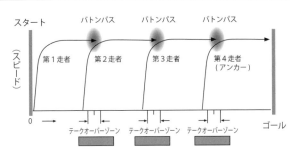

4 ハードル走

6 時間

単元の目標

(1)次の運動について、記録の向上や競争の楽しさや喜びを味わい、陸上競技の特性や成り立ち、技術の名称や行い方、その運動に関連して高まる体力などを理解するとともに、基本的な動きや効率のよい動きを身に付けることができるようにする。

単元計画（指導と評価の計画）

1 時（導入）	2・3 時（展開①）
単元の学習内容を知り、既習の動き（ハードル走の走り方や挑戦の仕方など）を振り返る。	ハードル走の行い方を知るとともに、自己の課題を見付ける。
1 ハードル走の学習の進め方と自己の課題を知ろう POINT：既習の学習を振り返り、ハードル走の学習を進めていく上で大切なことや約束事を確認する。 [主な学習活動] ○集合・あいさつ・健康観察 ○単元の目標や学習の道筋の確認 ○準備運動・感覚つくりの運動 ○ハードル走に取り組む（動画撮影） ・ハードル走のポイントの確認 ・踏み切り脚や振り上げ脚、抜き脚の確認 ・自己に適したインターバルの確認 ○整理運動 ○学習の振り返り ○健康観察・あいさつ	**2・3 リズミカルに走ることのできるインターバルを見付けよう** POINT：3 歩または 5 歩で走ることのできるインターバルを見付け、リズミカルに走るための練習を選ぶ。 [主な学習活動] ○集合・あいさつ・健康観察 ○本時のめあての確認 ○準備運動・感覚つくりの運動 ○ハードル走に取り組む（動画撮影） ・インターバルの確認 ・自己の課題の確認 ○整理運動 ○学習の振り返り ○健康観察・あいさつ
[評価計画] 知① 態④	[評価計画] 2時：思①／態①② 3時：技③

単元の評価規準

知識・技能	
○知識 ①陸上競技は、自己の記録に挑戦したり、競争したりする楽しさや喜びを味わうことができることについて、言ったり書き出したりしている。 ②陸上競技の各種目において用いられる技術の名称があり、それぞれの技術で動きのポイントがあることについて、学習した具体例を挙げている。	○技能 ①遠くから踏み切り、勢いよくハードルを走り越すことができる。 ②抜き脚の膝を折りたたんで前に運ぶなどの動作でハードルを越すことができる。 ③インターバルを 3 歩または 5 歩でリズミカルに走ることができる。

ア　ハードル走では、リズミカルな走りから滑らかにハードルを越すことができるようにする。

知識及び技能

(2)動きなどの自己の課題を発見し、合理的な解決に向けて運動の取り組み方を工夫するとともに、自
　己の考えたことを他者に伝えることができるようにする。

思考力、判断力、表現力等

(3)陸上競技に積極的に取り組むとともに、（勝敗などを認め、ルールやマナーを守ろうとすること）、
　分担した役割を果たそうとすること、一人一人の違いに応じた課題や挑戦を認めようとすること
　（など）や、健康・安全に気を配ることができるようにする。

学びに向かう力、人間性等

4・5時（展開②）	6時（まとめ）
自己の課題に適した練習方法を選び、課題解決に取り組む。	自己の課題の解決を目指して練習し、その成果を確認する。
4・5　自己の課題解決に取り組もう POINT：滑らかにハードルを越すための自己の動きの課題解決のための練習を選んで取り組む。 [主な学習活動] ○集合・あいさつ・健康観察 ○本時のめあての確認 ○準備運動・感覚つくりの運動 ○ハードル走に取り組む（動画撮影） ・振り上げ脚・抜き脚の動きの確認 ・リズミカルで勢いのある走りを目指した練習 ○整理運動 ○学習の振り返り ○健康観察・あいさつ	**6　リズミカルで勢いのあるハードル走をしよう** POINT：自己の課題解決に取り組むとともに、リズミカルで勢いのあるハードル走や競走（争）を楽しむ。 [主な学習活動] ○集合・あいさつ・健康観察 ○本時のめあての確認 ○準備運動・感覚つくりの運動 ○ハードル走に取り組む ・動画撮影による動きの確認 ○整理運動 ○単元の学習の振り返り ○健康観察・あいさつ
[評価計画]　4時：技② 　　　　　　5時：知②／思③／態③	[評価計画]　技①　思②

思考・判断・表現	主体的に学習に取り組む態度
①提供された練習方法から、自己の課題に応じて、動きの習得に適した練習方法を選んでいる。 ②学習した安全上の留意点を、他の学習場面に当てはめ、仲間に伝えている。 ③体力や技能の程度、性別等の違いを踏まえて、仲間とともに楽しむための練習や競争を行う方法を見付け、仲間に伝えている。	①陸上競技の学習に積極的に取り組もうとしている。 ②用具等の準備や片付け、記録などの分担した役割を果たそうとしている。 ③一人一人の違いに応じた課題や挑戦を認めようとしている。 ④健康・安全に留意している。

1 運動やスポーツの多様性

2 体ほぐしの運動・体の動きを高める運動

3 短距離走・リレー

4 ハードル走

5 ゴール型 バスケットボール

6 健康・疾病 生活習慣

7 水泳 クロール・背泳ぎ

本時案

ハードル走の学習の進め方と 1/6
自己の課題を知ろう

本時の目標

　ハードル走の学習の見通しをもつとともに、自己の課題を知ることができるようにする。

評価のポイント

　ハードル走の魅力や楽しさを理解するとともに、安全に留意して学習を進めているか。

中心活動における指導のポイント

point　50mハードル走では、現在の自分のタイムを確認するようにする。また動画撮影を行い、タイムだけでなく動きの課題も把握することが大切である。その際、仲間と話し合いながら、ハードル走の技術的なポイントに照らして課題確認をする。

本時の展開

	時	生徒の学習活動と指導上の留意点
はじめ	3分	**集合・あいさつ・健康観察** ○チームごとに整列する。 ○単元の目標や学習の道筋の確認。 　・本時の学習内容を知る。
準備運動・感覚つくりの運動	10分	**準備運動・感覚つくりの運動をする** ○足首、手首、膝などを動かす。 ○ハードル走につながる感覚つくりの運動をする。**1** 　・ケンパー跳び 　・ミニハードル走
ハードル走	30分	**協力して場の準備をする** **2** **50m（5台）ハードル走に取り組む** ○タイムの計測を行い、記録する。 ○自分に適したインターバルを見付ける。**3** ○ハードル走のポイントを確認する。 ○踏み切り脚や振り上げ脚、抜き脚の確認する。 ＊動画を撮影して振り返り、各自の課題を話し合う。 **協力して場の片付けをする**
整理運動	2分	**整理運動** ○使ったところをゆったりとほぐす。
まとめ	5分	**本時の学習について振り返る** ○自分の記録を学習カードに記入する。 　・チームで話し合い、各自の課題を確認する。 ○次時の学習予定を知る。 **健康観察・あいさつ**

1 運動やスポーツの多様性

2 体ほぐしの運動・体の動きを高める運動

3 短距離走・リレー

4 ハードル走

5 ゴール型バスケットボール

6 健康・疾病生活習慣

7 水泳クロール・背泳ぎ

1 感覚つくりの運動例（ケンパー跳び・ミニハードル走）

ケンパー跳びでは、片足／両足でリズミカルに地面を蹴って前に進む運動感覚を養う。途中の輪の距離を離すことで、コンパクトに強く地面を蹴る動作を引き出すことが可能になる。これがハードル走の踏み切りにつながっていく。

ケン パ ケン パ ケン パー   パ

ミニハードルを4〜5台程度、コース上に配置して、無理なくリズミカルに障害物を走り越える感覚を養う。どの生徒も楽しく最後まで走ることができているかを見取り、声かけをする。

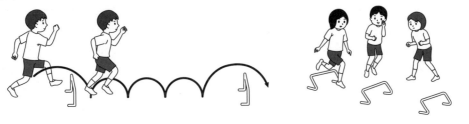

2 ハードルの運び方・設定の仕方

ハードルは、右図のようにハードルの中に運搬者が入って、板の部分とハードルの下辺の部分を持って運ぶ。ハードルを運ぶときには、周りに危険なものがないかどうか、周りに仲間がいないかどうかを確認することを徹底する。

ハードルは、決められたラインに合わせてハードルの前面が所定の距離に合うように設定する。ラインを越すような置き方はしない。

◯簡易ハードルの使用

ハードルに対する恐怖心を緩和するために、ハードルの板に布やスポンジ製のパッドを巻いたりするのもよい。また、板を外して板上のスポンジをはめたり、新聞紙を折りたたんではめて、ぶつかったら板自体が外れたりするように工夫するのもよい。

3 ハードル走のポイント

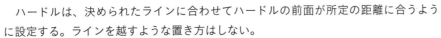

3歩か5歩でリズミカルに

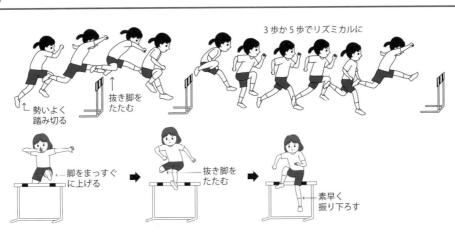

勢いよく踏み切る　抜き脚をたたむ

脚をまっすぐに上げる　抜き脚をたたむ　素早く振り下ろす

本時案

リズミカルに走ることのできる
インターバルを見付けよう

2-3／6

本時の目標

　自己の走力に適したインターバルを見付けて最後までリズミカルに走ることができるようにする。

評価のポイント

　自己の課題を解決するための練習を選んだり、インターバルを3歩または5歩で走ったりすることができているか。

中心活動における指導のポイント

point　感覚つくりの運動では、ハードル走につながるリズミカルな動作や、体を素早く動かす動作を身に付けることを目指して取り組む。

　ハードル走の学習では、生徒が自分に適したインターバルを見付けて、最後までリズミカルにハードルを走り越すことができるように、生徒の走力とインターバルの関係を見取るようにする。

本時の展開

	時	生徒の学習活動と指導上の留意点
はじめ	3分	**集合・あいさつ・健康観察** ○チームごとに整列する。 ○本時のめあての確認。 　・本時の学習内容を知る。
準備運動・感覚つくりの運動	10分	**準備運動・感覚つくりの運動をする** ○足首、手首、膝などを動かす。 ○ハードル走につながる感覚つくりの運動をする。 **1** 　・ジョグハードル走 　・ラダー走
ハードル走	30分	**協力して場の準備をする** **ハードル走に取り組む** ○インターバルの確認。 ○自己の課題の確認。 **2** ○動画を撮影して振り返り、各自の課題を話し合う。 ○仲間との競走／チーム対抗戦の競走を行う。 **協力して場の片付けをする**
整理運動	2分	**整理運動** ○使ったところをゆったりとほぐす。
まとめ	5分	**本時の学習について振り返る** ○自分の記録を学習カードに記入する。 　・チームで話し合い、各自の課題を確認する。 ○次時の学習予定を知る。 **健康観察・あいさつ**

1 運動やスポーツの多様性

2 体ほぐしの運動・体の動きを高める運動

3 短距離走・リレー

4 ハードル走

5 ゴール型 バスケットボール

6 健康・疾病 生活習慣

7 水泳 クロール・背泳ぎ

1 感覚つくりの運動

○ジョグハードル走

ハードル間を5歩程度で、ジョギングをするように軽やかに走り越す。ハードルを越えるときとインターバルを走るときに、それぞれ動きのリズムが出てくるとよい。

○ラダー走

体の軸を保ってリズミカルに前進する運動としてラダー走を行う。素速く動こうとしすぎると、腰が下がって膝も曲がったまま動くことになってしまうので、腰を伸ばしたよい姿勢のまま、リズムを重視して実施する。

重心の高さに注意！

2 よくあるつまずきの例

①腕を出す位置と高さがバラバラになっている

腕は体の前に、肩よりも低く出すようにする。体の軸から遠いところに腕を出したり動かしたりすると、バランスを崩してしまう。

②振り上げ脚の方向が外／内になっている

振り上げ脚は、まっすぐ振り上げてまっすぐ下ろすようにする。振り上げ脚がハードルの外側を回ってきたり（左）、膝を内側に折り曲げてしまったりすると（右）、体のバランスが崩れて効率のよい走りにならない。

③抜き脚が内側に折りたたまれている

抜き脚が内側に折りたたまれると（左）、高く跳ぶことになってしまうので効率が悪くなる。抜き脚は膝を中心に胸まで引きつけるようにする（右）。

④高く跳んでしまう

遠くから低く走り越すことができるように、踏み切り位置にマークを付けて練習するとよい。

⑤着地で膝が折れてしまう

「着地足でキック」を合い言葉にして、着地足でしっかり地面を蹴り返すことを意識するとよい。

本時案

自己の課題解決に
取り組もう

本時の目標

自己の課題に適した練習に取り組み、仲間と互いの取組や考えを認め合うことができるようにする。

評価のポイント

自己の課題解決につながる練習を選ぶことができているか、仲間と取組や考えを認め合うことができているか。

中心活動における指導のポイント

point　自己の課題の解決に適した練習を選択して取り組むことができるよう、複数の練習方法を用意する。練習の様子は動画撮影し、それをグループで振り返りながら、互いの伸びや課題を話し合う時間をもつようにするのが望ましい。

なお、動きがダイナミックになり、インターバルを伸ばしたほうがいい生徒がいた場合は、その生徒に適した場を伝えるなどの働きかけをするとよい。

本時の展開

	時	生徒の学習活動と指導上の留意点
はじめ	3分	**集合・あいさつ・健康観察** ○チームごとに整列する。 ○本時のめあての確認。 ・本時の学習内容を知る。
準備運動・感覚つくりの運動	10分	**準備運動・感覚つくりの運動をする** ○足首、手首、膝などを動かす。 ○ハードル走につながる感覚つくりの運動をする。**1** ・1歩ハードル走 ・斜めハードル走
ハードル走	30分	**協力して場の準備をする** **ハードル走に取り組む** ○抜き脚・振り上げ脚の動きの確認。**2** ○リズミカルで勢いのある走りを目指した練習。 ○動画を撮影して振り返り、各自の課題を話し合う。 ○仲間との競走／チーム対抗戦の競走（争）を行う。 **協力して場の片付けをする**
整理運動	2分	**整理運動** ○使ったところをゆったりとほぐす。
まとめ	5分	**本時の学習について振り返る** ○自分の記録を学習カードに記入する。 ・チームで話し合い、各自の課題を確認する。 ○次時の学習予定を知る。 **健康観察・あいさつ**

1
運動やスポーツの多様性

2
体ほぐしの運動・体の動きを高める運動

3
短距離走・リレー

4
ハードル走

5
ゴール型 バスケットボール

6
健康・疾病 生活習慣

7
水泳 クロール・背泳ぎ

1 感覚つくりの運動

○ 1歩ハードル走

　2.0〜2.5m 程度のインターバルに 3 〜 4 台のハードルを置いて 1 歩ハードル走を行う。大きな動作でハードルを走り越してもバランスを崩すことがなくなるように意識して取り組む。

2.0m〜2.5m

○斜めハードル走

　カラーコーンの片方にバーをかけ、斜めのハードルをつくって走り越える。振り上げ脚、抜き脚それぞれで取り組み、片方の脚の動作を意識しながら取り組むとよい。

2 抜き脚・振り上げ脚の動きの確認

○教具の工夫

　振り上げ脚と抜き脚の動作を正しく行うようにするために、ハードルの板に紙を貼り、走りながらそこに足の裏や膝が当たるように意識して走る練習をするとよい。

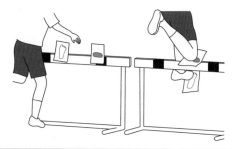

3 【コラム】ハードル走の歴史

　ハードル走は、自然環境にある障害物や牧場の柵などを跳び越えて走るのを競技化したもので、その障害物をイギリス人たちが「ハードル」と言ったことから「ハードル走」と呼ばれるようになったと言われている。

　ハードル走は、1830年代以降、イギリスのパブリック・スクールで盛んに行われるようになり、競技の形式が形づくられた。現在とほぼ同じ形式のルールは、1864年にオックスフォード大学の学内で行われた大会だと言われており、当時は図にあるような、倒れない柵のようなハードルを使用していた。1920年代以降、L字型のハードルが開発され、現在の形へと発展してきた。

本時案

リズミカルで勢いのある ⑥/⑥
ハードル走をしよう

本時の目標

　安全に留意しながら、リズミカルで勢いのあるハードル走ができるようにする。

評価のポイント

　適切な動作で勢いのあるハードリングができているか。また、安全に気を付けて活動することができているか。

中心活動における指導のポイント

point　単元最終時の学習として、各自の課題解決を意識して活動を選び、取り組むことができるように指導する。

　最後のチーム対抗戦では、生徒同士がチームで協力して積極的に活動できるような活動の選択と働きかけを意識するとよい。

本時の展開

	時	生徒の学習活動と指導上の留意点
はじめ	3分	**集合・あいさつ・健康観察** ○チームごとに整列する。 ○本時のめあての確認。 　・本時の学習内容を知る。
準備運動・感覚つくりの運動	10分	**準備運動・感覚つくりの運動をする** ○足首、手首、膝などを動かす。 ○ハードル走につながる感覚つくりの運動をする。 **1** 　・ショートインターバル走 　・シャトルハードル走
ハードル走	30分	**協力して場の準備をする** **ハードル走に取り組む** ○動画撮影による動きの確認。 **2** ○仲間との競走／チーム対抗戦の競走（争）を行う。 **3** **協力して場の片付けをする**
整理運動	2分	**整理運動** ○使ったところをゆったりとほぐす。
まとめ	5分	**単元の学習について振り返る** ○自分の記録を学習カードに記入する。 　・チームで話し合い、学習の成果を確認する。 ○単元の学習を振り返る。 **健康観察・あいさつ**

1 運動やスポーツの多様性

2 体ほぐしの運動・体の動きを高める運動

3 短距離走・リレー

4 ハードル走

5 ゴール型バスケットボール

6 健康・疾病生活習慣

7 水泳クロール・背泳ぎ

1 感覚つくりの運動

○ショートインターバル走

4.0〜4.5m程度の短めのインターバルのコースで、素速く大きな動作で走る。体を大きく素速く動かしてもバランスが崩れないように気を付けて取り組む。

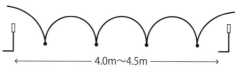

○シャトルハードル走

往復でのハードル走。往復するので、普段よりも長いコースでたくさんのハードルを安定して走り越せるようになることを意識する。

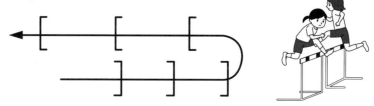

2 ハードリング・タイムから伸びを見取る

50mハードル走のタイムから50mフラット走のタイムを引くと、ハードルを走り越えるのにかかる時間を算出することができる。この時間が短くなることで、ハードリングが素速くなり、タイムロスの少ない走りになっていると捉えることができる。

> **ハードリング・タイム ＝ 50mハードル走のタイム － 50m走のタイム**

ハードリング・タイムをコースに設定したハードルの台数で割ると、1台当たりのハードリング・タイムを算出することができる。日本のトップ選手（女子）では、1台当たりにかかるハードリング・タイムは約1.3秒である。

3 チーム対抗戦の行い方の例

生徒の実態に照らして、また安全に留意して、対抗戦の行い方を工夫するとよい。

・目標タイムをクリアした人の人数で勝敗を競い合う。

・チームのメンバー全員のタイムの伸びを合計して、伸びの大きさを競い合う。

・チームのメンバーが1人ずつ走り、勝敗の数を競い合う。

・8秒間ハードル走（右図）。

○8秒間ハードル走の行い方

各チームから1人ずつ、順番に走る。一斉にスタートして、8秒後に何m走っているかを記録する。ハードリング・タイムが短い人ほど走る時間が長くなるので、遠くまで進むことができる。この距離をチームで合計して、より長く走ったチームが勝ちとなる。

5 ゴール型：バスケットボール

〔10時間〕

単元の目標

(1)次の運動について、勝敗を競う楽しさや喜びを味わい、球技の特性（や成り立ち）、技能の名称や行い方、（その運動に関連して高まる体力）（など）を理解するとともに、基本的な技能や仲間と連携した動きでゲームを展開することができるようにする。

ア　ゴール型では、ボール操作と空間に走り込むなどの動きによってゴール前での攻防をすることが

単元計画（指導と評価の計画）

1・2時（導入）オリエンテーション		3～6時（展開①）
単元全体の学び方と学習内容を理解する。		ボール操作と空間に走り込む動きを身に付けて、ゲームで試してみる。
1　バスケットボールの特性を知ろう	2　学習の進め方を知ろう	3・4　ボールとゴールが同時に見える場所に動こう
[主な学習活動] ○集合・あいさつ ○チームの発表 ○バスケットボール映像の視聴 ○試しのゲーム（3対3ハーフコートゲーム） ○整理運動 ○学習の振り返り	[主な学習活動] ○集合・あいさつ ○ドリブル（ハーフコート2往復） ○ゴール下シュート ○ピボット（1対1） ○2人組対面パス（チェストパス、バウンドパスの片手及び両手） ○3対2ハーフコートゲーム ○3対3ハーフコートゲーム ○学習の振り返り	[主な学習活動] ○準備運動 ○集合・あいさつ ○本時の目標等の確認 ○ドリブル（ハーフコート2往復） ○ゴール下シュート ○ピボット（1対1） ○2組対面パス（チェストパス、バウンドパスの片手及び両手） ○3対2ハーフコートゲーム（各チーム内での対戦） ○3対3ハーフコートゲーム（リーグ戦①） ○学習の振り返り
[評価計画]　知①	[評価計画]　態②	[評価計画]　3時：思②／態① 4時：技②

単元の評価規準

知識・技能	
○知識 ①球技には、集団対集団、個人対個人で攻防を展開し、勝敗を競う楽しさや喜びを味わえる特性があることについて、言ったり書き出したりしている。 ②球技の各型の各種目において用いられる技術には名称があり、それらを身に付けるためのポイントがあることについて、学習した具体例を挙げている。	○技能 ①ゴール方向に守備者がいない位置でシュートをすることができる。 ②ボールとゴールが同時に見える場所に立つことができる。

できるようにする。 知識及び技能

(2)攻防などの自己の課題を発見し、合理的な解決に向けて運動の取り組み方を工夫するとともに、自己や仲間の考えたことを他者に伝えることができるようにする。 思考力、判断力、表現力等

(3)（球技に積極的に取り組むとともに）、フェアなプレイを守ろうとすること、（作戦などについての話合いに参加しようとすること）、（一人一人の違いに応じたプレイなどを認めようとすること）、仲間の学習を援助しようとすること（など）や、（健康・安全に気を配ること）ができるようにする。 学びに向かう力、人間性等

※中学校第1学年及び第2学年の目標のうち、球技領域における他の単元で指導し評価する部分については、（　）で示している。

	7～10時（展開②及びまとめ）		
	仲間と連携した動きでパスをつなぎ、マークをかわしてゴール前での攻防を展開する。		
	5・6　ゴール方向に守備者がいない位置で積極的にシュートをしよう	7・8　仲間と連携した動きでパスをつなごう	9・10　素早い動きでマークをかわしてシュートをしよう
	[主な学習活動] ○準備運動 ○集合・あいさつ ○本時の目標等の確認 ○ドリブル（ハーフコート2往復） ○ゴール下シュート ○ピボット（1対1） ○2組対面パス（チェストパス、バウンドパスの片手及び両手） ○3対2ハーフコートゲーム（各チーム内での対戦） ○3対3ハーフコートゲーム（リーグ戦①） ○学習の振り返り	[主な学習活動] ○準備運動 ○集合・あいさつ ○本時の目標等の確認 ○ドリブル（ハーフコート2往復） ○ランパスシュート ○ピボットを用いた2対1 ○三角パス（チェストパス、バウンドの片手及び両手） ○3対3ハーフコートゲーム（各チーム内での対戦） ○3対3オールコートゲーム（リーグ戦②） ○学習の振り返り	
	[評価計画]　5時：知② 6時：技①／思①	[評価計画]　7時：知②／態② 8時：技②／思①	[評価計画]　9時：思②／態① 10時：総括的な評価

思考・判断・表現	主体的に学習に取り組む態度
①提供された動きのポイントやつまずきの事例を参考に、仲間の課題や出来映えを伝えている。 ②練習やゲームの場面で、最善を尽くす、フェアなプレイなどのよい取組を見付け、理由を添えて他者に伝えている。	①マナーを守ったり相手の健闘を認めたりして、フェアなプレイを守ろうとしている。 ②練習の補助をしたり仲間に助言したりして、仲間の学習を援助しようとしている。

1 運動やスポーツの多様性
2 体ほぐしの運動・体の動きを高める運動
3 短距離走・リレー
4 ハードル走
5 ゴール型バスケットボール
6 健康・疾病生活習慣
7 水泳クロール・背泳ぎ

本時案

バスケットボールの 特性を知ろう

本時の目標

バスケットボールの特性を理解することができるようにする。

評価のポイント

バスケットボールの特性について発言したり、学習カードに書き出したりしているか。

中心活動における指導のポイント

point バスケットボールの試しのゲームを通して、バスケットボールの特性の理解を促す。また、バスケットボールのゲームで求められる「ボール操作技能」や「ボールを持たないときの動き」について、生徒が必要感を実感できるよう、発問・応答や言葉かけを行っていく。

本時の展開

	時	生徒の学習活動と指導上の留意点
はじめ	8分	**集合・あいさつ** ○単元の目標や学習内容について理解する。 →単元を通して共に活動していくチームを発表し、チームごとにキャプテン等ときょうだいチームを決めるよう指導する。 **1**
	10分	**バスケットボール映像の視聴** ○バスケットボール競技や3×3バスケットボール競技の映像を視聴する。 →バスケットボールの特性を説明し、生徒の授業に対する意欲を高める。
準備運動	5分	**チームごとに準備運動を行う** ○チームごとにキャプテンを中心に準備運動を実施する。 →本単元では、毎時間、体育館に入ってきたら、自身のビブスを着用するとともに、チームのメンバーが揃った段階でチームごとに準備運動を実施した上で集合するよう指導しておく。
試しの ゲーム	18分	**試しのゲーム（3対3ハーフコートゲーム）を行う** ○3対3ハーフコートゲームの行い方を理解する。 **2** →コートや得点の仕方、ルール、ローテーション方法などのゲームの行い方について、デモンストレーションを通して説明する。 ○ゲームを実施する（1試合6分（前後半各3分）×2試合）。 →ゲーム中に得点の仕方などのルールを適宜再確認していく。 ○整列、勝敗の確認、あいさつをする。
片付け	2分	**安全に気を付けて片付けをする**
整理運動	2分	**チームごとに整理運動を行う** ○チームごとにキャプテンを中心に整理運動を実施する。 →本単元では、毎時間、片付け終了後、速やかに、チームごとに整理運動を実施した上で集合するよう指導しておく。
まとめ	5分	**本時の学習について振り返る** ○バスケットボールの特性について改めて確認する。 →発問・応答を通して、試しのゲームをしてみて、ゲームで求められるボール操作やボールを持たないときの動きの必要感を実感できるよう促す。 ○学習カードにバスケットボールの特性について記入する。 ○次時の学習予定を確認する。

1	運動やスポーツの多様性
2	体ほぐしの運動・体の動きを高める運動
3	短距離走・リレー
4	ハードル走
5	ゴール型 バスケットボール
6	健康・疾病 生活習慣
7	水泳 クロール・背泳ぎ

1 チーム編成の仕方

○チーム編成の工夫と「きょうだいチーム」の設定

　4チーム編成し、キャプテンを選定する。クラスサイズに応じて、1チーム当たりの人数は調整するが、2面のバスケットボールコートを想定した場合、4チーム編成にすることで、各チームの練習場所のハーフコートを指定し、チームごとにメインゲームまでの練習を毎時間実施できるようにする。

　また、大きな1チームの中に、小さな2チームを「きょうだいチーム」として編成する。男女共習の場合には、1チームの中に男子チームと女子チームを編成してもよい。リーグ戦の際は、それぞれの小さいチームごとに試合をし、きょうだいチームで得失点や勝ち点を合計していく。きょうだいチーム制の利点は、きょうだいチーム内で課題を共有し、解決していく際の対話的な学びが深まるとともに、1つのチームの中で欠席者が複数人になり人数が足りなくなった際、きょうだいチーム内でメンバーを入れ替えることができる点にある。

　また、各チームのビブスの色と個人の指定の番号を決めておき、毎時間、授業前に体育館に入ってきた際に、速やかに自身のビブスを着用するよう指導しておく。

2 試しのゲーム（3対3ハーフコートゲーム）

ルール
・攻撃3人対守備3人。
・センターサークルからのパスでゲームを開始する。
・1ゲーム前後半各3分間で行い、前後半で攻守を交代する。
・得点が決まったり、守備側がボールを奪ったり、ボールがコートの外に出たりしたら、センターサークルから攻撃側のプレイを再開する。
・ゲームが再開されるごとに、各チーム内でローテーションする。ゲームに出場する順番は、下の表に示す通り。待機している生徒は、得点係をする。
・2ポイントエリア（スリーポイントラインの中）からのシュートは、リングに当たれば1点、ゴールに入れば2点。3ポイントエリア（スリーポイントラインの外）からのシュートはリングに当たれば2点、ゴールに入れば3点。
・身体接触によるファウルがあった場合には、再度、センターサークルからプレイを再開する。身体接触によるファウルの判断はセルフジャッジとする。
・試合終了時に、きょうだいチーム同士で得点を合計し、合計点の多いチームが勝ちとなる。
【生徒の実態に応じた工夫の視点】
・1回の攻撃につき、パスの回数を5回に制限する。
・ドリブルはバウンド3回までとする。

スリーポイントライン

センターサークル

○ゲームに出場する順番の掲示例（5人チーム用。6回目以降の攻撃は1回目からの順番通り）

	ゲーム出場のビブス番号	待機のビブス番号
1回目の攻撃	1番、2番、3番	4番、5番
2回目の攻撃	2番、3番、4番	5番、1番
3回目の攻撃	3番、4番、5番	1番、2番
4回目の攻撃	4番、5番、1番	2番、3番
5回目の攻撃	5番、1番、2番	3番、4番

※ゲームの行い方については、3分程度にまとめたゲーム解説の映像を事前に作成・配信し、予習としてその動画を視聴させておくと効率よく単元1時間目が進行する（ICTによる反転学習）。

本時案

学習の進め方を知ろう ②/10

本時の目標
　バスケットボール単元の学習の進め方を理解することができるようにする。

評価のポイント
　バスケットボールの単元では、仲間に助言するなどして、仲間の学習を援助しようとする態度が求められることについて理解し、そのような行動を取ろうとしているか。

中心活動における指導のポイント

point　第1時で理解したバスケットボールの特性や、試しのゲームを通して必要感を実感したボール操作やボールを持たないときの動きついて、何をどのように学習していくのか指導する。単元の導入を2時間取ることにより、運動が苦手な生徒もバスケットボールの学習の見通しをもちやすくなり、かつ、授業に期待感をもてるようになる。また、第3時以降の授業をより効率的に進めることができる。

本時の展開

	時	生徒の学習活動と指導上の留意点
準備運動・はじめ	3分	**チームごとに準備運動を行う** ○体育館に入室した生徒からビブスを着用し、メンバーが揃ったチームから、キャプテンを中心に準備運動を実施する。
	2分	**集合・あいさつ・本時の目標の確認** ○本時の目標と本時の流れについて理解する。 →本時の目標と本時の流れについては、掲示物で可視化する。
ボール操作技能の学習	16分	**ボール操作技能の学習（単元第3〜6時）の仕方を理解する** 1 ○各チーム指定のハーフコート内で以下の練習を実施する。 ・ドリブル：2分 ・ゴール下シュート：4分 ・ピボット（1対1）：2分 ・2組対面パス（チェストパス、バウンドパスの片手及び両手）：2分 →練習の行い方についての簡単な映像を作成・配信できる場合には、予習として、事前に視聴してくるよう指示する（ICTを活用した反転学習）。
3対2ハーフコートゲーム	12分	**3対2ハーフコートゲームを行う** ○各チーム指定のハーフコートにおいて、各チーム内で実施する。 ○ルールは、守備の人数以外3対3ハーフコートゲームと同様で実施する。 ○ゲームは、前後半各4分の1試合（計8分）実施する。 →チーム内で、仲間の学習を積極的に援助するよう言葉かけする。
3対3ハーフコートゲーム	10分	**3対3ハーフコートゲームを行う** ○単元1時間目と対戦したチームとは別のチームと対戦する。 ○1試合（前後半各3分）実施する。 →ゲーム中に得点の仕方などのルールを適宜再確認していく。 ○整列、勝敗の確認、あいさつをする。
片付け・整理運動	2分	**安全に気を付けて片付けをした後、チームごとに整理運動を行う**
まとめ	5分	**本時の学習について振り返る** ○学習カードを記入する。 ○次時の学習予定を確認する。

1 運動やスポーツの多様性

2 体ほぐしの運動・体の動きを高める・運動

3 短距離走・リレー

4 ハードル走

5 ゴール型 バスケットボール

6 健康・疾病 生活習慣

7 水泳 クロール・背泳ぎ

1 ボール操作技能の学習（単元第 3 〜 6 時）の仕方を理解する

　単元第 3 〜 6 時に実施するボール操作技能の学習の仕方について指導する。各練習の説明に時間がかかることから、各練習で求められる技能ポイントについての説明は省き、学び方の指導に重点を置く。こうすることで、生徒は第 3 時以降にスムーズに練習を実施することができ、教師も技能ポイントの指導に重点を置き換えることができる。

　各チーム指定のハーフコートで練習する（例えば、赤、青、黄、緑チームの場合、練習場所のコート図を示しておくとよい）。

学習カード ⬇

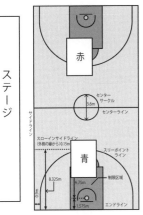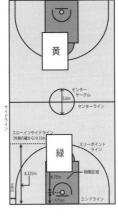

○ドリブル

実施方法
- 1 人 1 個ボールを持ち、ハーフコートをエンドラインからセンターサークルラインまで 2 往復する。
- はじめはゆっくり、慣れてきたら、スピードを上げて走りながらドリブルしてみる。

○ゴール下シュート

実施方法
- 自身で場所を選び、いろいろなポジションからシュート練習を行う。
- シュートを打ったら、自身でボールを拾い、待機している仲間に渡す。
- 技能が高い生徒は、スリーポイントライン外のシュート練習を実施してもよい。

○ピボット 1 対 1

軸足

実施方法
- 1 人がボールを持ってピボットをし、もう 1 人が守備者としてピボットしている相手のボールを触る。30 〜 40 秒の間で触られた回数の少なさを競う。ピボットしている際には軸足は動かさない。

○2 人組対面パス

実施方法
- 2 人 1 組で対面し、チェストパスやバウンドパス（両手、片手）を実施する。

本時案

ボールとゴールが同時に見える場所に動こう

本時の目標

ボールとゴールが同時に見える場所に立つことができるようにする。

評価のポイント

攻撃時のボールを持たないときに、積極的にボールとゴールが同時に見える場所に動いたり、動き直したりしているか。

中心活動における指導のポイント

point ゴール型種目の最大の目的は、対戦相手よりも多く得点を取ることである。そのためには、攻撃時に、ボールとゴールが同時に見える場所に動いてパスを受け、積極的にシュートをする必要がある。この点を指導と評価の中核に据えて、課題提示・言葉かけ等の指導をする。加えて、シュートをするためには、ボールとゴールが同時に見える体の向きも重要になることも指導していく。

本時の展開

	時	生徒の学習活動と指導上の留意点
準備運動・はじめ	3分	**チームごとに準備運動を行う** ○メンバーが揃ったチームから、準備運動を実施する。
	6分	**集合・あいさつ・本時の目標の確認** ○本時の目標と本時の流れについて理解する。 →ボールとゴールが同時に見える場所に動く、動き直すという点について、デモンストレーションを行う。 **1**
ボール操作技能の学習	10分	**ボール操作技能の学習を行う** ○各チーム指定のハーフコート内で、以下の練習を実施する。 ・ドリブル：1分 ・ゴール下シュート：3分 ・ピボット（1対1）：2分 ・2組対面パス（チェストパス、バウンドパスの片手及び両手）：2分 →第3時以降においては、各練習において技能ポイントを言葉かけしていく。その際、身に付けさせたい技能ポイントをキーワード化して伝える。 **2**
3対2ハーフコートゲーム	10分	**3対2ハーフコートゲームを行う** ○各チーム指定のハーフコートにおいて、各チーム内で実施する。 ○ゲームは、前後半各4分の1試合（計8分）実施する。 →チーム内で、動きの確認や簡単な作戦を試してみる等、リーグ戦に向けての練習を意識するよう指導する。
3対3ハーフコートゲーム	14分	**3対3ハーフコートゲームを行う（リーグ戦①）** ○1試合6分（前後半各3分）×2試合実施する。 →本時の目標である「ボールとゴールが同時に見える場所に動く」点に焦点化した言葉かけを行う。
片付け・整理運動	2分	**安全に気を付けて片付けをした後、チームごとに整理運動を行う**
まとめ	5分	**本時の学習について振り返る** ○学習カードを記入する。 ○次時の学習予定を確認する。

1 ボールとゴールが同時に見える場所に動く、動き直す

ボールとゴールが同時に見える場所に動く、動き直すという点について、デモンストレーションを行うことで、生徒に本時の100点プレイのイメージをもたせるようにする。なお、このとき、ボールとゴールが同時に見える体の向き（ボール保持者の方向のみに体が向かないようにし、ボールとゴール同時に視野を確保できる半身の姿勢を意識する）も重要になることも指導していく。

ボールとゴールが同時に見える場所に動く

ボールとゴールが同時に見える場所に動き直す（一度、ゴールから離れてからゴール方向に動き直す）

 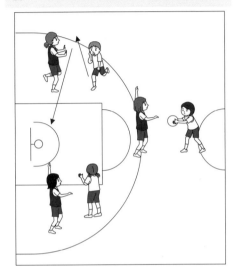

2 身に付けさせたい技能ポイントをキーワード化して伝える

身に付けさせたい技能ポイントについて、極力短い端的なキーワードにして伝えると効果的である。キーワード化することにより、生徒も覚えやすく、生徒同士でそのキーワードを媒介にしながら対話的な学びが活性化されていく。

ボール操作技能	技能ポイントのキーワード化の例
ドリブル	・手首と指でコントロール ・フェイスアップ
シュート （セットシュートやジャンプシュート）	・弧を描くような軌道 ・斜め方向からはバックボードを利用 ・手首のスナップでボールに逆回転
ピボット	・フロントターン、バックターン ・軸足固定 ・ボールは守備者から遠ざける
チェストパス	・片足を踏み出す ・手首を内から外へ
バウンドパス	・仲間との間の3分の2にバウンド

1 運動やスポーツの多様性

2 体ほぐしの運動・体の動きを高める運動

3 短距離走・リレー

4 ハードル走

5 ゴール型バスケットボール

6 健康・疾病生活習慣

7 水泳クロール・背泳ぎ

本時案

ゴール方向に守備者がいない 位置で積極的にシュートをしよう

5-6/10

本時の目標

ゴール方向に守備者がいない位置でシュートをすること、仲間の課題や出来映えを伝えることができるようにする。

評価のポイント

ゴール方向に守備者がいない位置でシュートをすることができていたか。また、上記の技能目標に関わった仲間の課題や出来映えを観察し、伝えることができたか。

point　前時までにボールとゴールが同時に見える場所に動いてパスを受けること、ゴール方向に守備者がいない位置でシュートをすることを学習した。この学習を踏まえて、技能をさらに高めるとともに、「仲間の課題や出来映えを伝える」という「思考力、判断力、表現力等」に関わった仲間同士での観察・教え合いを行っていく。その際、簡便な観察シートを用いることにより、事実に基づいた対話的な学びが可能になる。

本時の展開

	時	生徒の学習活動と指導上の留意点
準備運動・はじめ	3分	**チームごとに準備運動を行う** ○メンバーが揃ったチームから、準備運動を実施する。
	4分	**集合・あいさつ・本時の目標の確認** ○本時の目標と本時の流れについて理解する。
ボール操作技能の学習	10分	**ボール操作技能の学習を行う** ○各チーム指定のハーフコート内で、以下の練習を実施する。 ・ドリブル：1分 ・ゴール下シュート：3分 ・ピボット（1対1）：2分 ・2組対面パス（チェストパス、バウンドパスの片手及び両手）：2分 →繰り返し練習してきている内容なので、生徒の成長した点を丁寧に観察し、肯定的な言葉かけを行うようにする。
3対2ハーフコートゲーム	14分	**3対2ハーフコートゲームの中で、ペアを決めて対話的な学びを行う** ○各チーム指定のハーフコートにおいて、各チーム内で実施する。 ○ゲームは、前後半各3分の2試合（計12分）実施する。 →チーム内で、ペアを決めて交互にゲームに出場する。また、ペアの仲間の課題や出来映えを把握するために、観察シートを用いて、攻撃時のプレイを観察チェックする。**1**
3対3ハーフコートゲーム	12分	**3対3ハーフコートゲームを行う** ○対戦表をもとにゲームを実施する。**2** ○1試合5分（前後半各2分30秒）×2試合実施する。 →本時の目標に焦点化した言葉かけを行う。
片付け・整理運動	2分	**安全に気を付けて片付けをした後、チームごとに整理運動を行う**
まとめ	5分	**本時の学習について振り返る** ○仲間の課題や出来映えについて、観察シートに基づいて仲間に伝えた内容を学習カードに記入する。**3**

1 運動やスポーツの多様性

2 体ほぐしの運動・体の動きを高める運動

3 短距離走・リレー

4 ハードル走

5 ゴール型 バスケットボール

6 健康・疾病 生活習慣

7 水泳 クロール・背泳ぎ

1 3対2ハーフコートゲームの中で、ペアを決めて対話的な学びを行う

　リーグ戦の3対3ハーフコートゲームでは、多くの生徒が同時にゲームに出場するため、互いのプレイを観察し合うことが難しい。そのため、リーグ戦の前に実施する各チーム内での3対2ハーフコートゲームの時間を少し長めに取り、その中で「思考力、判断力、表現力等」の目標に即した学習機会を設定する。

　3対2ハーフコートゲームにおいて、ペアを決めて、交互にゲームに出場する。また、本時の技能目標（ゴール方向に守備者がいない位置でシュートをすることができる）に関わった仲間の課題や出来映えを把握するために、以下の観察チェックシートを用いて互いのプレイをチェックする。以下のシートには、ペアの仲間における①と②の回数をそれぞれ正の字でチェックするよう指示する。

　下記の表において、例えば、①が少ない場合には、「ボールとゴールが同時に見える場所に動く（第4時の技能目標）」ことが課題である。他方で、①が多く、②が少ない場合には、本時の技能目標である「ゴール方向に守備者がいない位置でシュートをすることができる」点に課題があることになる。このように、簡便な方法で互いに観察チェックし合い、事実に基づいて教え合いを行うことで、効果的に対話的な学びを促すことができる。

　なお、ここでの学習において、タブレット端末を用いて教え合いを行うことも可能である。

月　　　日（　　　）　　　年　　　組　　　番	
観察者氏名（　　　　　　　　　　　　　）	
ペアの生徒の氏名（　　　　　　　　　　　　　）	
①ゴール方向に守備者がいない状態（ゴール前）でパスを受けた回数	②ゴール方向に守備者がいない状態（ゴール前）でシュートを打った回数
	学習カード ⬇

2 対戦表をもとにゲームを実施する

　当該時間のリーグ戦の対戦表と各対戦のコートを示した掲示物を用意し可視化することで、生徒がスムーズにゲーム開始に取り掛かることが可能となり、マネジメント時間の短縮につながる。

1年○組、○月○日のバスケットボールリーグ戦の対戦表

		1試合目	2試合目
ステージ側	aコート	赤A　対　青A	赤A　対　黄A
	bコート	赤B　対　青B	赤B　対　黄B
入口側	cコート	黄A　対　緑A	青A　対　緑A
	dコート	黄B　対　緑B	青B　対　緑B

3 仲間の課題や出来映えについて、観察シートに基づいて伝えた内容を学習カードに記入する

　仲間に伝える学習場面を設定するだけでなく、伝えた内容を確実に学習カードに記述させる必要がある。こうすることで、真の意味で「思考力、判断力、表現力等」の指導と評価の一体化を実現することができる。

本時案

仲間と連携した動きでパスをつなごう

本時の目標

　仲間と連携した動きでパスをつなぎながら、ゴール前に走り込む動きのポイントについて理解すること、仲間の学習を援助しようとすることができるようにする。

評価のポイント

　仲間と連携した動きでパスをつなぎながら、ゴール前に走り込む動きのポイントについて具体例を挙げているか。また、仲間の学習を援助しようとする行動を取ろうとしているか。

中心活動における指導のポイント

point　第7時からは新たなボール操作技能の練習やゲームの学習が始まる。そのため、技能ポイントに焦点化した指導というよりも、第8時〜10時の学習を見据えて、学び方（練習やゲームの行い方）の学習に重点を置いて指導する。他方で、単元前半で実施してきた内容と関連した練習やゲームであるため、説明の時間を極端に長く取る必要はない。ICT機器を活用するなど、映像の作成・配信が可能であれば、予習として、練習やゲームの行い方の映像を視聴しておくよう指示すると、効率的な授業につながる。

本時の展開

	時	生徒の学習活動と指導上の留意点
準備運動・はじめ	3分	**チームごとに準備運動を行う** ○メンバーが揃ったチームから、準備運動を実施する。
	2分	**集合・あいさつ・本時の目標の確認** ○本時の目標と本時の流れについて理解する。
ボール操作技能の学習	14分	**ボール操作技能の学習を行う** ■1 ○各チーム指定のハーフコート内で、以下の練習を実施する。 ・ドリブル：1分 ・ランパスシュート：3分 ・ピボットを用いた2対1：2分 ・三角パス（チェストパス、バウンドパスの片手及び両手）：2分 →第7時からはじめて実施する練習においては、技能ポイントを詳細に伝えるのではなく、学び方（練習方法）の確認に重点を置いて指導する。
3対3ハーフコートゲーム	10分	**3対3ハーフコートゲームを行う** ○各チーム指定のハーフコートにおいて、各チーム内で実施する。 ○ルールは前時までのメインで実施したゲームと同様。 ○ゲームは、前後半各4分の1試合（計8分）実施する。 →チーム内で、仲間に助言をするなど、仲間の学習を積極的に援助するよう言葉かけをする。
3対3オールコートゲーム	14分	**3対3オールコートゲームを行う（リーグ戦②）** ○1試合6分（前後半各3分）×2試合実施する。 →「仲間と連携した動きでパスをつなぐ」点に焦点化した言葉かけを行う。 ■2
片付け・整理運動	2分	**安全に気を付けて片付けをした後、チームごとに整理運動を行う**
まとめ	5分	**本時の学習について振り返る** ○学習カードを記入する。

1 運動やスポーツの多様性

2 体ほぐしの運動・体の動きを高める運動

3 短距離走・リレー

4 ハードル走

5 ゴール型バスケットボール

6 健康・疾病 生活習慣

7 水泳 クロール・背泳ぎ

1 ボール操作技能の学習を行う（第7時からはじめて実施する内容）

○ランパスシュート

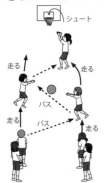

シュート
走る 走る
走る 走る
パス パス

実施方法
・各チーム2列に並び、2人組でパスを交換しながらゴール前までボールを運ぶ。ゴール前に来た時点で、ボールを保持した生徒がシュートをする。
・前のペアがシュートを打ったら、次のペアがスタートする。
・技能が高まった段階では、徐々にスピードを高めたり、バウンドパスを用いたりしながら実施する。

○三角パス

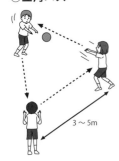

3〜5m

実施方法
・三角形になり、チェストパスやバウンドパスを行う。
・正三角形や直角三角形など、時間ごとに三角形の形を変えることで、様々な角度や距離のパス練習が可能となる。

○ピボットを用いた2対1

実施方法
・攻撃2人、守備1人で実施。攻撃側は動いてパスを受けることは禁止。ピボットで守備をかわしながら、対面の仲間にパスを通す。30〜40秒程度で守備を交代する。
・技能が高まった段階では、守備の頭上を通すパスを禁止する。

2 3対3オールコートゲームを行う（リーグ戦②）

ルール
・攻撃3人対守備3人。
・センターサークルでのジャンプボールでゲームを開始する。
・1ゲーム前後半各3分間で行う。
・ボールがコートの外に出たら、相手チームが近くのサイドラインからスローインしてゲームを再開する。
・得点の後、得点されたチームがエンドラインからスローインしてゲームを再開する。
・時間でローテーションをして出場し、全員が均等にゲームに出場できるようにする。前後半できょうだいチームを入れ替えする。
・2ポイントエリア（スリーポイントラインの中）からのシュートはリングに当たれば1点、ゴールに入れば2点。3ポイントエリア（スリーポイントラインの外）からのシュートはリングに当たれば2点、ゴールに入れば3点。
・身体接触によるファウルがあった場合には、再度、センターサークルからプレイを再開する。身体接触によるファウルの判断はセルフジャッジとする。
・試合終了時に、きょうだいチーム同士（前後半）で得点を合計し、合計点の多いチームが勝ちとなる。
【生徒の実態に応じた工夫の視点】
・1回の攻撃につき、パスの回数を5回に制限する。
・フロントコート内のドリブルはバウンド3回までとする。

-------> ボールの動き

——→ 人の動き

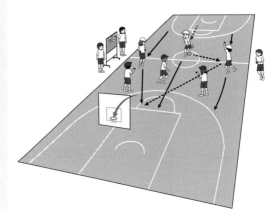

本時案

素早い動きでマークを
かわしてシュートをしよう

本時の目標

　練習やゲームの場面で最善を尽くす、フェアなプレイなどのよい取組を見付け、他者に伝えること、フェアなプレイを守ろうとすることができるようにする。

評価のポイント

　フェアなプレイなどのよい取組を見付け、他者に伝えたり、学習カードにその点を記述できているか。また、フェアなプレイを守ろうとしているか。

中心活動における指導のポイント

point　第9時においては、フェアなプレイに関わる目標が設定されている。そのため、目標に準拠した評価、指導と評価の一体化を実現するために、掲示物やペアでの観察し合う学習、学習カードの工夫を行った上で指導・評価していく。また、第9時と第10時では、「素早い動きでマークをかわしてシュートをする」というテーマを設定し、技能面の総括的な指導も実施する。

本時の展開

	時	生徒の学習活動と指導上の留意点
準備運動・はじめ	3分	**チームごとに準備運動を行う** ○メンバーが揃ったチームから、準備運動を実施する。
	3分	**集合・あいさつ・本時の目標の確認** ○本時の目標と本時の流れについて理解する。 →本時の目標に関わるフェアなプレイに関わる掲示物を示す。これは、同様の目標が掲げられた第3時から掲示し、それ以降、毎時間掲示しておく。**1**
ボール操作技能の学習	11分	**ボール操作技能の学習を行う** ○各チーム指定のハーフコート内で以下の練習を実施する。 ・ドリブル（1分）、ランパスシュート（3分）、ピボットを用いた2対1（2分）、三角パス（チェストパス、バウンドパスの片手：2分） →ピボットを用いた2対1や三角パス練習においては、特に、バウンドパスがゲームの中でも有効であることを指導する。
3対3ハーフコートゲーム	11分	**3対3ハーフコートゲームを行う（各チーム内で指定のハーフコートで実施）** ○ゲームは、前後半各4分の1試合（計8分）実施する。 →チーム内で、動きの確認や簡単な作戦を試してみる等、リーグ戦に向けての練習を意識するよう指導する。
3対3オールコートゲーム	14分	**3対3オールコートゲームを行う（リーグ戦②）** ○1試合6分（前後半各3分）×2試合実施する。 →第9時と第10時のテーマである「素早い動きでマークをかわしてシュートをする」点に焦点化した言葉かけを行う。**2**
片付け・整理運動	3分	**安全に気を付けて片付けをした後、チームごとに整理運動を行う**
まとめ	5分	**本時の学習について振り返る** ○学習カードを記入する。**3**

1 運動やスポーツの多様性

2 体ほぐしの運動・体の動きを高める運動

3 短距離走・リレー

4 ハードル走

5 ゴール型バスケットボール

6 健康・疾病・生活習慣

7 水泳 クロール・背泳ぎ

1 本時の目標に関わるフェアなプレイに関わる掲示物を示す

以下のような掲示物を本時と同様の目標（評価規準）設定を行った第3時から可視化し、この3つの約束事に基づいて練習やゲームに取り組むよう指導する。

また、チーム内でペア（第6時と同様のペア）を組み、3つの約束事に即した取組について、互いに観察し合うよう指導する。

バスケットボールのフェアなプレイに関する3つの約束事

1　自身やチームの仲間がファウルをしたら、素直に認め、手を挙げる。
2　相手の健闘を認め、勝敗を素直に受け入れる。
3　仲間や対戦相手に「ナイス、ドンマイ」といった励ましの言葉を積極的に行う。

2 第9・10時のテーマである「素早い動きでマークをかわしてシュートをする」点に焦点化した言葉かけを行う

本単元で重点の技能の目標（評価規準）として設定した、「①ゴール方向に守備者がいない位置でシュートをすることができる」「②ボールとゴールが同時に見える場所に立つことができる」を踏まえて、第9時と第10時において「素早い動きでマークをかわしてシュートをする」ことができているかという点について、確実に指導していく。

なお、単元最後の第10時においては、「総括的評価」の機会を設定し、技能を含めて見落としていた点や、再度、確認したい内容については、第10時で確実に指導・評価する。

3 学習カード

学習カードについては、1単位時間ごとに、生徒に記述させたい内容を明確にすると効果的である。例えば、第9時においては、「練習やゲームの場面で、最善を尽くす、フェアなプレイなどのよい取組を見付け、理由を添えて他者に伝えている」という「思考・判断・表現」の評価規準が設定されている。そのため、 1 に示したような学習場面を設定するとともに、そこでの学習した内容を学習カードに確実に記述できているかどうかを評価材料として引き出す必要がある。

なお、下記のように1単位時間ごとに「本時の学習カードに記述する視点」を明確にし、全時間分の内容が1枚ものの学習カード（A3やA4表裏）として準備されていると、教師も生徒も単元の流れに即した学習の軌跡を確認することができるため有効である。

	練習やゲーム場面で見付けた、仲間のフェアプレイや最善を尽くすプレイ等について書き出そう	教員コメント
第9時		

学習カード ⬇

6 健康の成り立ちと疾病の発生要因／生活習慣と健康 （4時間）

単元の目標

(1)健康な生活について、理解することができるようにする。 **知識及び技能**

単元計画（指導と評価の計画）

1時（導入）	2時（展開①）
健康は、主体と環境の相互作用の下に成り立ち、疾病は主体・環境の要因が関わり合って発生することを理解できるようにする。	運動は、身体の機能を刺激し、発達を促すとともに、精神的にもよい効果があり、健康の保持増進には年齢や生活習慣に応じて運動を継続することが必要であることを理解できるようにする。
1 健康と疾病の関係 [主な学習活動] ○健康な人とは、どのような人のことを言うか考える。 ○健康の成り立ちについて考える。 ○事例から主体・環境要因の相互作用の理解を深める。 ○理解した内容をまとめ、健康になるためにできることを考える。	**2 運動と健康の関係** [主な学習活動] ○事例から運動との関係を考える。 ○運動が心身に及ぼす影響を理解する。 ○年齢や生活環境等に応じて、運動を継続することの重要性を理解する。 ○「○○したら（続けたら）、健康になれる」を再考する。
[評価計画] 知① 思②	[評価計画] 知② 態①

単元の評価規準

知識・技能	
①健康は、主体と環境の相互作用の下に成り立っていること。また、疾病は、主体の要因と環境の要因が関わり合って発生することについて言ったり、書き出したりしている。 ②運動には、身体の各器官の機能を刺激し、その発達を促すとともに、気分転換が図られるなど、精神的にもよい効果があることを理解できるようにする。また、健康を保持増進するためには、年齢や生活環境等に応じて運動を続けることが必要であることを理解している。 ③食事には、健康な身体をつくるとともに、運動などによって消費されたエネルギーを補給する役割があることを理解しているとともに、健康を保持増進するためには、毎日適切な時間に食事をすること、年齢や運動量等に応じて栄養素のバランスや食事の量などに配慮することが必要であることを理解している。	④休養及び睡眠は、心身の疲労を回復するために必要であること、健康を保持増進するためには、年齢や生活環境等に応じて休養及び睡眠を取る必要があることを理解している。 ⑤心身の健康は生活習慣と深く関わっており、健康を保持増進するためには、年齢、生活環境等に応じた適切な運動、食事、休養及び睡眠の調和の取れた生活を続けることが必要であることを理解している。

(2)健康な生活に関わる事象や情報から自他の課題を発見し、生活習慣などについてリスクを軽減したり、生活の質を高めたりする視点から解決方法を考え、適切な方法を選択するとともに、それらを伝え合うことができるようにする。　**思考力、判断力、表現力等**

(3)健康な生活について、自他の健康の保持増進や回復についての学習に自主的に取り組もうとすることができるようにする。　**学びに向かう力、人間性等**

3時（展開②）	4時（まとめ）
食事は、健康な体をつくるとともに、消費されたエネルギーを補給する役割があること、健康の保持増進には、毎日適切な時間に食事をすること、年齢や運動量等に応じて栄養素のバランスや食事の量などに配慮することが必要であることを理解できるようにする。	休養及び睡眠は、心身の疲労を回復するために必要であること、健康を保持増進するためには、年齢や生活環境等に応じて休養及び睡眠を取る必要があることを理解できるようにする。また、健康な生活について、まとめをすることができるようにする。
3　食事と健康の関係 [主な学習活動] ○食事と健康の関係をイメージさせ、課題をつかむ。 ○食事と体型、成長について考え、課題を導出する。 ○１週間の食事を振り返り、良し悪しを科学的根拠と照らし合わせる。 ○「○○したら（続けたら）、健康になれる」を再考する。	**4　睡眠と健康、調和の取れた生活** [主な学習活動] ○入学から現在までの疲労度を把握する。 ○休養・疲労と調和の取れた生活に関わる知識を整理する。 ○自分及び事例の健康課題への対策を考える。 ○「○○したら（続けたら）、健康になれる」をまとめる。 ※５時間目を設定し、下２つの丸項目以降を行うことも可。
[評価計画]　知③	[評価計画]　知④⑤（上２つの丸項目） 思①（下２つの丸項目）

思考・判断・表現	主体的に学習に取り組む態度
①健康な生活における事柄や情報などについて、保健に関わる原則や概念をもとに整理したり、個人生活と関連付けたりして、自他の課題を発見している。 ②健康の成り立ちと疾病の発生要因や、生活習慣と健康について、習得した知識を自他の生活に適用したり、課題解決に役立てたりして、健康の保持増進をする方法を見いだしている。	①健康な生活について学習に自主的に取り組もうとしている。

1　運動やスポーツの多様性
2　体ほぐしの運動・体の動きを高める運動
3　短距離走・リレー
4　ハードル走
5　ゴール型バスケットボール
6　健康・生活習慣・疾病
7　水泳クロール・背泳ぎ

健康と疾病の関係

本時の目標

健康と疾病は主体と環境が相互作用を及ぼしながら、成り立っていることを理解できるようにする。

評価のポイント

健康と疾病は主体と環境が相互作用を及ぼしながら、成り立っていることを理解できたか、学習カードに具体例を示しながら書けているか。

本時の板書のポイント

point 【演習2】において具体的で詳細な事例を設定することで、生徒との応答に的確に対応できる。リアリティがあることで、生徒の思考もより深くなる。

【学習課題】

健康とは、どのような状態を指すのだろうか？

（できるだけ本時の展開1で出た生徒の発言を使った学習課題の設定に努める）

【演習1】
・A先生が下痢をしました。その理由はなんでしょう？
生徒の意見を板書していく「腐ったものを食べた」
「食べすぎ」「夜遅くに晩御飯を食べた」
⇒この先生の生活環境…海外旅行中！
「海外の食事が体に合わない」
「海外の水が硬水で、日本人には合わない」

【知識】
○主体の要因…①体に備わっている要因。
　　　　　　②生活上の習慣や行動。
　環境の要因…①物理的・化学的環境の要因、②生物学的環境の要因、③社会的環境の要因。

本時の展開 ▷▷▷

1 「健康な人」とは、どのような人のことを言うか考える

「○○な人は健康だ」という文章を3つ完成させる。【病気をしない人】【元気な人】などが出てくると考えられるが、太宰治を例に身体的健康のみで健康とは言えないことに気付かせ、生徒に「健康とはどのようなことか？」という疑問を抱かせ、課題を導出する。

2 健康の成り立ちについて考える

「下痢」を例に体調不良の原因について考える。【腐ったものを食べた】などの生徒の発言に加え、教師から【海外に行って下痢になった】という事例を紹介する。下痢の原因は主体・環境要因があることに気付かせ、主体・環境要因についてデータを付しながら科学的に整理する。

【演習2】

A先生…「50歳を超えている。人間関係でストレスを抱えている。」

○○がいけない、○○が原因

B先生…「23歳、教員になったばかり。運動は一切しない。仕事は周囲と協力し、7時には帰っている。」

○○がいけない、○○が原因

C先生…「30歳になり、運動を始めた。新型コロナウイルスが蔓延している。」

○○がいけない、○○が原因

【まとめ】

「○○をしたら（続けたら）健康になれる」

学習カード

―学習カードの活用①枚目―

【演習1】や【演習2】【まとめ】を記載させる。

特に【まとめ】について、授業の最後に発表させ、多様な考えの中に知識に基づいた「主体の要因」「環境の要因」が意識されていることを評価していく。この2つの視点が意識されていない生徒には学習カードでフィードバックしていく。

―学習カードの活用②枚目―

【まとめ】の「○○をしたら（続けたら）健康になれる」と「その理由」を記載させる。本単元4時間の各終末で「○○をしたら（続けたら）健康になれる」と「その理由」を記載させることで、各時間の【知識】を評価することができる。

3 具体例を提示し、主体・環境要因の相互作用の理解を深める

A先生

3パターンの先生（主体×環境×／主体×環境○／主体○環境×）を順に提示し、いずれも健康につながらず、主体・環境要因が相互に作用して健康・疾病を成り立たせていることについて理解を深める。プレゼンテーションソフトで示し、視覚的に生徒に提示する。

4 理解した内容をまとめ、健康になるためにできることを考える

健康とは？

各生徒に「○○をしたら（続けたら）健康になれる」という文章を作成させ、健康になるための仮説を設定させる。この仮説の検証を単元を通じて行い、科学的に理解を深める。単元の終わりに、再度この文章を完成させ、調和の取れた生活を行う必要性に迫るようにする。

1 運動やスポーツの多様性

2 体ほぐしの運動・体の動きを高める運動

3 短距離走・リレー

4 ハードル走

5 ゴール型バスケットボール

6 健康・疾病生活習慣

7 水泳クロール・背泳ぎ

運動と健康の関係

本時の目標

運動は、身体の機能を刺激し、発達を促すとともに、精神的にもよい効果があり、健康の保持増進には年齢や生活環境に応じて運動を継続することが必要であることを理解できるようにする。

評価のポイント

運動は身体的・精神的によい効果があり、健康の保持増進に継続する必要があることを理解できたか、学習カードに書けているか。

本時の板書のポイント

- -

point　演習1・2で課題の抽出・理解を深化させることが重要である。演習2では、より具体的な事例を提示することで、理解が深まる。

【前時の復習】
○○したら健康になれる！
　　　　↓
主体の要因・環境の要因

【演習1】A：20歳／B：35歳／C：45歳
Aさん…小学生からずっとサッカーをやっている。かなりハードにトレーニングしており、仕事終わりに毎日20〜23時で練習している。体形は筋肉質。
Bさん…運動は学校の体育のみ。休みの日は家で趣味に没頭している。このような生活を大学生からずっと続けている。体形は肥満気味。
Cさん…大学生の頃、ランニングサークルに入り、それ以来ランニングにはまっている。しかし、仕事が忙しく、週に2〜3回程度しか走れない。体形はふつう。
→60歳になったとき、誰が一番健康であると思うか？

【学習課題】
運動は健康にどのような影響を及ぼすのだろうか。
（できるだけ本時の展開1で出た生徒の発言を使った学習課題の設定に努める）

本時の展開 ▷▷▷

1 健康を再考し、事例から運動との関係を考える

前時の復習

前回の【まとめ】から主体・環境の要因を生徒にフィードバックする。その中で若い成人の事例を提示し、その中で「60歳になったときに健康な人は誰？」という発問から、本時の課題を導出する。

2 身体の発達や精神にも好影響を与えることを理解する

運動者・非運動者の骨の断面図や筋肉（量と健康寿命）、肺、血管の状態を写真やイラスト、動画などで視覚的に比較させる。また、運動が気分転換につながったり、ストレス解消したりすることについて、生徒の実体験や実験結果のグラフから理解する。

【知識】

運動することで…

・骨は強くなり、筋肉は太くしなやかに、肺活量は増大し、血管は張り巡らされる。

・気分転換やストレス解消に
　つながる。

| 骨・筋肉の断面図、肺・血管の状態に関する写真・イラスト・動画を提示する。 | 骨・筋肉の断面図、肺・血管の状態に関する写真・イラスト・動画を提示する。 |

【演習2】

Ａさん（20歳）…出勤07：00、退勤18：00　60歳時…

Ｂさん（35歳）…出勤08：00、退勤21：00　60歳時…

Ｃさん（45歳）…出勤・退勤、シフト制により未定　60歳時…

運動は…

・生活環境に合わせた運動習慣を身に付けることが重要である。

・年齢に応じて内容や時間を変える必要がある。

【まとめ】

「○○をしたら（続けたら）健康になれる」

「運動に関する自分の課題は…である」

---

3 年齢や生活環境等に応じて、運動を継続することの重要性を理解する

　前出のＡ・Ｂ・Ｃさんの現在の生活環境とＡ・Ｂ・Ｃさんの60歳の生活環境を提示する。20歳・35歳・45歳の運動者・非運動者の血管・骨の断面図を比較する。それによって、運動を継続する意義と生活環境に合わせた運動習慣の確立の重要性を理解する。

4 「○○をしたら（続けたら）健康になれる」を再考する

　前時と同様に、本時の学びを踏まえて「○○したら（続けたら）健康になれる」という文を作成する。この内容も学習カードに記載し、次時以降も単元を通じて同じまとめを行う。

1 運動やスポーツの多様性
2 体ほぐしの運動・体の動きを高める運動
3 短距離走・リレー
4 ハードル走
5 ゴール型バスケットボール
6 健康・疾病生活習慣
7 水泳クロール・背泳ぎ

3 時

食事と健康の関係

本時の目標

　食事は、健康な体をつくるとともに、消費されたエネルギーを補給する役割があること、健康の保持増進には、毎日適切な時間に食事すること、年齢や運動量等に応じて栄養素のバランスや食事の量などに配慮することが必要であることを理解できるようにする。

評価のポイント

　目標の内容を理解できたか、学習カードに書けているか。

本時の板書のポイント

- -

point　写真を提示し、視覚的に食事と体型の関係を最初にイメージさせ、過食でも拒食でもいけないことを感覚的につかませる。

【学習課題】

食事は健康や成長にどのような影響を及ぼすのだろうか。

（できるだけ本時の展開 **2** で出た生徒の発言を使った学習課題の設定に努める）

【演習 1】

○この 1 週間の自分の「良い食生活」と「悪い食生活」を考えよう。
- ・朝食を抜いた　　　　・お菓子を食べすぎた
- ・給食を残さなかった
- ・肉ばかり食べていた　・野菜が少ない

本時の展開 ▷▷▷

1 食事と健康の関係をイメージさせ、課題をつかむ

　「自分は○○だから食事をする」という一文を生徒に考えさせる。生徒からの反応として「食べるのが好き」「エネルギー補給のため」などが考えられる。美味しくてカロリーが高い（エネルギーがたくさん補給できる）ハンバーガーの写真を提示し、食事と健康を意識させる。

2 食事と体型、成長について考え、課題を導出する

　①ハンバーガーと太った少年、②貧困層の少年の順で画像を見せ、この少年は健康かを考えさせ、食事が体型や健康にどのような影響があるのか具体的に知っているかを問う。また写真を使う場合、肥満生徒に留意する。

【知識】
食事は「活動によって消費されたエネルギーを補給する」役割がある。
・健康を保持増進するには…
　　→毎日適切な時間に食事する。
　　→年齢や活動量に応じた食事量・栄養バランスが重要。
「悪い食生活」を改善するには？

【演習2】
今日の給食の献立とkcal
・白飯（250kcal）・けんちん汁（70kcal）・さんまの竜田揚げ（360kcal）
・ほうれん草の和え物（60kcal）＝740kcal

年齢	身体活動レベル	男子	女子
12～14歳	ふつう	2,600kcal	2,400kcal
	高い	2,900kcal	2,700kcal

注意　年齢によって、目安となるエネルギー必要量は変わる。

【まとめ】

「○○をしたら（続けたら）健康になれる」
「食事に関する自分の課題は…である」

3 1週間の食事を振り返り、良し悪しを科学的根拠と照らし合わせる

4 「○○をしたら（続けたら）健康になれる」を再考する

　【知識】を確認し、自分自身や高齢者の食生活のよりよい食事を考え、悪い食生活の改善策を考えさせる。【演習2】で給食と自分自身のエネルギー必要量とを照らし合わせ、1食分の必要量と食べ残し等を勘案させ、昼食のエネルギー充足率の検討を付けさせる。

　前時と同様に「○○したら（続けたら）健康になれる」という作文を行う。これについては、自分の食事の課題を踏まえて記載する。また、本時までの健康につながる要因や「○○したら（続けたら）健康になれる」を振り返る。

1 運動やスポーツの多様性

2 体ほぐしの運動・体の動きを高める運動

3 短距離走・リレー

4 ハードル走

5 ゴール型バスケットボール

6 健康・疾病生活習慣

7 水泳クロール・背泳ぎ

睡眠と健康、調和の取れた生活

本時の目標

　休養及び睡眠は、心身の疲労を回復するために必要であること、健康を保持増進するためには、年齢や生活環境等に応じて休養及び睡眠を取る必要があることを理解し、健康な生活についてまとめることができるようにする。

評価のポイント

　目標の内容を理解できたか、学習カードに書けているか。

本時の板書のポイント

- -

point 「休養・睡眠」「調和の取れた生活」の知識を分けて記載する。主体・環境の要因を踏まえ、生活の計画を立案したい。

【学習課題】
疲れを回復するベストな方法はなんだろう。
（できるだけ本時の展開**1**で出た生徒の発言を使った学習課題の設定に努める）

【演習1】
○あなたが疲れを感じたら、どのように回復させますか？
・「寝る」　・「好きなことをする」
（生徒からはあまり出てこない）

【知識1】
・疲労の原因は、長時間の①運動、②学習、③作業や、④精神的ストレスがある。
→一人一人の身体的能力や作業への慣れ、意欲や達成感などによっても疲労感には差が出る。
・疲労の回復方法は、①睡眠、②積極的休養、③好きなことをする。
→成長ホルモンが出る時間帯に睡眠していることで、疲労回復を促進させる。

【知識2】
・心身の健康は生活習慣と深く関わっており、健康を保持増進するために、年齢や生活環境などに応じた適切な運動と食事、休養・睡眠の調和の取れた生活を続ける必要がある。

本時の展開 ▷▷▷

1 入学から現在までの疲労度を把握する

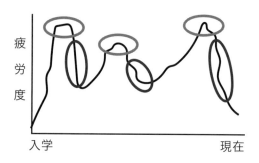

　上図のように自身の疲労度をグラフに示し、◯にはどのようなこと（入学式や部活動開始等）があったか振り返る。今後も初めての行事などで疲れがたまることは想定できるため、その際に疲労を取り除く方法は必須であることから本時の課題を導出する。

2 休養・疲労及び調和の取れた生活に関わる知識を整理する

　疲労の原因とその回復方法について理解すること、心身の健康の保持増進には、今まで学習した、主体・環境の要因を踏まえた運動、食事、休養・睡眠のバランスが取れた生活を続けることを理解させる。

【まとめ】
「○○をしたら（続けたら）健康になれる」
「休養・睡眠に関する自分の課題は…である」

【学習シートに書こう】

—調和の取れた生活に向けて—
・今までの「○○をしたら（続けたら）健康になれる」をまとめ、自分が考える*健康的で調和の取れた生活*を作り出そう！

調和の取れた生活【自分編】
・自分の健康課題（前時までに記入した課題を前提に、単元を通じて学習した内容を踏まえ、健康的に生活するための方法を書き入れましょう）
【運動】「○○をしたら（続けたら）健康になれる」
【食事】「○○をしたら（続けたら）健康になれる」
【休養・睡眠】「○○をしたら（続けたら）健康になれる」

調和の取れた生活【先生編】
A先生の健康課題（50歳、運動は部活動でのノック程度、間食が多く…）
【運動】「○○をしたら（続けたら）健康になれる」
【食事】「○○をしたら（続けたら）健康になれる」…

3 自分及び事例の健康課題への対策を考える

　学習カードを用いて、自分の健康課題を改めて整理し、それについての運動、食事、休養・睡眠における調和の取れた生活を目指す計画を立案する。同じ要領で、事例（A先生）を提示し、A先生に対する調和の取れた生活を目指す計画を立案する。

4 事例（先生）への対策を班内で交流し、考察を深める

　事例（A先生）に向けた計画を班内で交流し、班内で1つの計画に集約・修正し、全体交流を行いながら、調和の取れた生活の応用を考えていく。 4 については、事例を複数提示した上で、第5時として、時間を十分に確保し、思考を深める時間を取ることも考えられる。

1 運動やスポーツの多様性
2 体ほぐしの運動・体の動きを高める運動
3 短距離走・リレー
4 ハードル走
5 ゴール型バスケットボール
6 健康・疾病生活習慣
7 水泳クロール・背泳ぎ

7 水泳（クロール、背泳ぎ）

（10時間）

単元の目標

(1)次の運動について、記録の向上や競争の楽しさや喜びを味わい、水泳の特性や成り立ち、技術の名称

単元計画（指導と評価の計画）

1時（導入）	2・3時（展開①）	4・5時（展開②）
小学校で学習した内容を振り返り、単元の学習内容を知る。	「安定した呼吸を基にした泳ぎ」の習得状況を確認する。	新たな泳ぎに挑戦する。
1　学習の見通しをもち、水泳の特性を知ろう POINT：小学校での水泳運動の学習を振り返り、水泳の特性を理解するとともに今の力を確認する。 **[主な学習活動]** ○集合・あいさつ・健康観察等 ○オリエンテーション ・単元の目標や学習の道筋の確認・学習の留意点・バディチェック ○準備運動：シャワーを浴びてバディを確認する。 ○入水〜水慣れ ○水慣れで感じた内容をもとに水の特性について確認する。 ○力試し・復習 ○退水〜バディチェック ○学習の振り返り	**2・3　安定した呼吸によるゆったりとした泳ぎについて、振り返ろう** POINT：安定した呼吸によるゆったりとした泳ぎについて丁寧に確認し、積極的に水泳の学習に取り組む雰囲気づくりを工夫する。 **[主な学習活動]** ○集合・あいさつ・健康観察等 ○本時の目標等の確認 ○準備運動：シャワーを浴びてバディを確認する。 ○入水〜水慣れ ○安全確保につながる運動から各泳法への学習の振り返り ・（例）背浮きからゆったりとしたクロール／浮き沈みからゆったりとした平泳ぎ。 ○退水〜バディチェック ○学習の振り返り	**4・5　背泳ぎの泳ぎ方のポイントを知ろう** POINT：リラックスした背浮きの姿勢で、手と足の動作と、呼吸のタイミングを合わせた泳ぎのポイントを知る。 **[主な学習活動]** ○集合・あいさつ・健康観察等 ○本時の目標等の確認 ○準備運動：シャワーを浴びてバディを確認する。 ○入水〜水慣れ ○背泳ぎ ・段階的に練習に取り組む。 ・安定した背浮き姿勢。 ○退水〜バディチェック ○学習の振り返り
[評価計画]	[評価計画]　思①　態③	[評価計画]　知①　技①②③④

単元の評価規準

知識・技能	
○知識 ①水泳は、泳法を身に付け、続けて長く泳いだり、速く泳いだり競い合ったりする楽しさや喜びを味わうことのできる運動であることについて、言ったり書いたりしている。 ②水泳の各種目において用いられる技術の名称や運動局面の名称があり、それぞれの技術や局面で、動きを高めるための技術的なポイントがあることについて、学習した具体例を挙げている。	○技能 ①一定のリズムで強いキックを打つことができる。 ②水中で肘を曲げて腕全体で水をキャッチし、S字やⅠ字を描くようにして水をかくことができる。 ③プルとキック、ローリングの動作に合わせて横向きで呼吸をすることができる。 ※評価規準の内容は学習指導要領解説の〈例示〉を参照。

や行い方を理解するとともに、泳法を身に付けることができるようにする。 **知識及び技能**

(2)泳法などの自己の課題を発見し、合理的な解決に向けて運動の取り組み方を工夫するとともに、自己の考えたことを他者に伝えることができるようにする。 **思考力、判断力、表現力等**

(3)水泳に積極的に取り組むとともに、分担した役割を果たそうとする、水泳の事故防止に関する心得を遵守するなど、健康・安全に気を配ることができるようにする。 **学びに向かう力、人間性等**

6・7時（展開③）	8・9時（展開④）	10時（まとめ）
既習の泳ぎの力を伸ばす。	選択した泳法で仲間と自分の課題を解決する。	身に付けた泳法などの力試しを行う。
6・7 クロールで速度を速める泳ぎ方のポイントを知ろう POINT：速度を速めて泳ぐための手や足、呼吸動作のポイントを知り、ペアを組んで互いの出来映えを把握する。	**8・9 仲間と協力して、選択した泳法における自己の課題を解決しよう** POINT：課題解決に向けて、同じ泳法で同じ課題に取り組む仲間（バディ等）と協力して、動きを観察・助言し合う。	**10 力試しに取り組むとともに、単元のまとめをしよう** POINT：背泳ぎは距離（最長50m）や一定の距離を少ない回数で泳ぐこと、クロールは速度を速める（最長50m）など、個人の目標に応じて力試しに取り組む。
[主な学習活動] ○集合・あいさつ・健康観察等 ○本時の目標等の確認 ○準備運動：シャワーを浴びてバディを確認する。 ○入水〜水慣れ ○クロール ・いろいろな速さで泳ぐ活動を組織する。 ・各課題のタイムとストローク数を測定し、記録する。 ○退水〜バディチェック ○学習の振り返り	[主な学習活動] ○集合・あいさつ・健康観察等 ○本時の目標等の確認 ○準備運動：シャワーを浴びてバディを確認する。 ○入水〜水慣れ ○選択した泳法で自己の課題に取り組む ・互いに動きを観察しアドバイスし合い、練習の出来映えを確認する。 ○退水〜バディチェック ○学習の振り返り	[主な学習活動] ○集合・あいさつ・健康観察等 ○本時の目標等の確認 ○準備運動：シャワーを浴びてバディを確認する。 ○入水〜水慣れ ○スタートの学習 ○力試し ○退水〜バディチェック ○学習の振り返り
[評価計画] 技①②③ 思②	[評価計画] 知② 思③ 態②	[評価計画] 技③ 態①

思考・判断・表現	主体的に学習に取り組む態度
①学習した安全上の留意点を、他の学習場面に当てはめ、仲間に伝えている。 ②仲間と協力する場面で、分担した役割に応じた活動の仕方を見付けている。 ③提示された動きのポイントやつまずきの事例を参考に、仲間の課題や出来映えを伝えている。	①水泳の学習に積極的に取り組もうとしている。 ②一人一人の違いに応じた課題や挑戦を認めようとしている。 ③水の安全に関する事故防止の心得を遵守するなど、健康・安全に留意している。

1 運動やスポーツの多様性

2 体ほぐしの運動・体の動きを高める運動

3 短距離走・リレー

4 ハードル走

5 ゴール型バスケットボール

6 健康・疾病生活習慣

7 水泳クロール・背泳ぎ

本時案

学習の見通しをもち、水泳の特性を知ろう

1／10

本時の目標

単元の学習内容や道筋を把握するとともに、今の自分の泳力を確認する。水泳が水の物理的な特性を受けながら、「浮く・呼吸をする・進む」という技術の組合せによって成立し、続けて長く泳いだり、速く泳いだり、競い合ったりする楽しさや喜びを味わうことのできる運動であることを理解できるようにする。

評価のポイント

単元のはじめなので、記録に残す評価は行わないが、水泳の特性について学習資料を用いて指導し、発問等によって理解度を確認する。

中心活動における指導のポイント

point オリエンテーションでは、水泳の事故防止に関する心得や、小学校で学んだバディチェックの仕方など、授業を安全に実施できる土台となる知識を確実に理解できるようにする。また、知識の学習においては、水の物理的特性と水泳との関係について、学習資料やICT機器を使って効果的に理解できるようにする。特に、呼吸の調整（吸う、止める、吐く）によって浮いたり沈んだりすることができることを確認する。

本時の展開

	時	生徒の学習活動と指導上の留意点
はじめ オリエンテーション	15分	○集合して、あいさつ、点呼、健康観察をする。 ○単元の目標と学習の道筋を確認する。 ○水の特性と泳ぎについて理解する。 ○安全面、学習の留意点、バディチェックを行う。 **1**
導入活動 水慣れ 感覚づくり	8分	**準備運動** ○シャワーを浴びて、バディを確認する。 **水慣れ（安定した呼吸の確認につなげる）** ○ボビング・け伸び・背浮き・浮き沈み。 ○連続ボビング移動・いろいろな体勢でのもぐる・浮く運動。
水泳の特性を確認する（知識の学習を含む）	10分	**感覚づくりで感じた内容をもとに、水泳の特性について確認する** **2** ○特に、もぐったり浮いたりする際に感じた呼吸との関連について確認する。
力試し	12分	**力試しの泳ぎをする** **3** ○安定した呼吸で続けて長く浮く力を試す。
学習の振り返り	5分	○退水・バディチェック（人数確認・健康観察）。 ○整理運動。 ○バディで本時の学習の振り返りを行う。

1 運動やスポーツの多様性

2 体ほぐしの運動・体の動きを高める運動

3 短距離走・リレー

4 ハードル走

5 ゴール型バスケットボール

6 健康・疾病生活習慣

7 水泳クロール・背泳ぎ

1 安全面、学習の留意点、バディチェックについて

（例）バディチェックについて

　入水前後で単に人数を確認するだけでなく、授業中にお互いの健康観察や学習における補助など、多様な関わりを生む関係として、協力するよう意識付けを行う。同質なのか、異質なのか？固定するのかしないのか？意図的な組合せにより、授業の様子が変化する可能性もあることを意識する。

2 水泳の特性について（いっぱい吸う・吐く）

　水泳系の学習の特徴は、「水の中で運動する」という点で、陸上における各種の運動と違う点を理解することが重要である。「浮くこと」については、多くの体の部位を水の中に浸すことや息をいっぱい吸うことで浮力が大きくなり、浮きやすくなることを理解する。

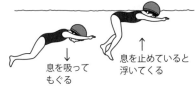

息を吸ってもぐる　息を止めていると浮いてくる

　「進むこと」については、脚が沈んだ姿勢になると抵抗が大きくなってしまうので、頭を起こさず流線形（ストリームライン）の姿勢を維持することで進みやすいことを理解する。

良い姿勢　　　　　　　悪い姿勢

3 力試し（続けて長く浮く泳力）

　バディでどれくらい立たないで浮いていられるかを測定し合う。

すごい！1分だ。

今、50秒だよ。

本時案

安定した呼吸による ゆったりとした泳ぎに ついて、振り返ろう

中心活動における指導のポイント

point 小学校で学んだ安定した呼吸によるゆったりとした泳ぎについて丁寧に確認するとともに、積極的に水泳の学習に取り組む雰囲気づくりを工夫する。また、前時までに学習した水泳の特性（特に呼吸との関連）については、生徒がその特性にふれることができるように、解説を加えながら進める。

本時の目標

単元の学習内容を把握し、小学校までの学習（背浮きからゆったりとしたクロールや浮き沈みからゆったりとした平泳ぎ）を振り返り、安定した呼吸を保った泳法について確認する。タイミングよく呼吸する（吸う、止める、吐く）ことでゆったりとした泳法が成立していることを理解できるようにする。

評価のポイント

水泳の事故防止に関する心得を遵守するなど、健康・安全に留意していることを観察し評価する。導入・復習の段階のため、技能の評価規準の設定はないが、自己の泳力の確認がしっかりできているか、観察によって確認する。

本時の展開

	時	生徒の学習活動と指導上の留意点
はじめ	5分	○集合して、あいさつ、点呼、健康観察をする。 ○単元の目標と学習の道筋を確認する。 ○安全面、学習の留意点、バディチェックを行う。
導入活動 水慣れ	10分	**準備運動** ○シャワーを浴びて、バディを確認する。 **以下の運動の中から選択して行う（安定した呼吸の確認につなげる）** ○ボビング・け伸び・背浮き・浮き沈み。 ○連続ボビング移動・いろいろな体勢でのもぐる・浮く運動。
感覚づくり とゆったり とした泳ぎ	30分	**安全確保につながる運動から各泳法への学習を振り返る** 〈浮き沈みからゆったりとした平泳ぎの流れ（例）第2時〉**1** ・息を吸って止めておくことで体が浮いてくることを確認する。 ・25m程度のゆったりとした平泳ぎに取り組む。 〈背浮きからゆったりとしたクロールへの流れ（例）第3時〉**2** ・安定した呼吸やローリング動作を確認する。 ・25m程度のゆったりとしたクロールに取り組む。 ○安全上の留意点を仲間に伝える。
学習の振り 返り	5分	○退水・バディチェック（人数確認・健康観察）。 ○整理運動。 ○バディで本時の学習の振り返りを行う。

1 運動やスポーツの多様性

2 体はぐしの運動・体の動きを高める運動

3 短距離走・リレー

4 ハードル走

5 ゴール型バスケットボール

6 健康・疾病生活習慣

7 水泳クロール・背泳ぎ

1 浮き沈みからゆったりとした平泳ぎの流れ（例）

○浮き沈み

浮いてくる動きに合わせて両手を動かし、頭を上げて呼吸をした後、再び沈み、息を止めて浮いてくるまで姿勢を保つ浮き沈みを行う。

○ゆったりとした平泳ぎ（キックの後にしっかりと伸びの時間を取ること）

浮き沈みで理解した、呼吸のリズムや体が浮いてくるタイミングについての運動感覚を、平泳ぎの一連の動きの中（特にキックの後に伸びて浮いてくるのを待つこと）で確認していく。

膝を深く引きすぎない（抵抗が大きくなる）

2 背浮きからゆったりとしたクロールへの流れ（例）

顔以外の部位がしっかりと水中に入った姿勢の背浮きを維持する。姿勢が
崩れる（腰が曲がる等）ようならば、腕は体の側方でも構わない。

片手を頭上の伸ばし、伸ばした腕の方向へ体をローリングさせる。肩からの動きをしっかり確認する。
体が下向きに回転しそうになったら、顔を下向きにして伏し浮き姿勢になる。
伏し浮きから背浮きへの体勢変化も行う。伏し浮きから片方の手をかきながらローリングする。

○ゆったりとしたクロール（キャッチアップクロール）
体勢変化で確認した、安定した姿勢を維持するためのローリング動作に関する感覚を確認していく。
また、呼吸のリズム（吸う、止める、吐く）に合わせて手や足をうまく動かすように工夫する。

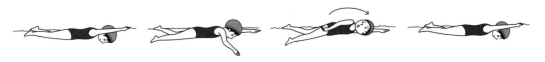

本時案

背泳ぎのポイントを知ろう

本時の目標

　背泳ぎのプル・キック・コンビネーションの動きのポイントを理解するとともに、プルやキックの動作に合わせて呼吸し、泳ぐことができるようにする。水泳の各種目において用いられる技術の名称や運動局面の名称があり、それぞれの技術や局面で、動きを高めるための技術的なポイントがあることについて知ることができるようにする。

評価のポイント

　背泳ぎの技能については観察で評価する。用語や動きを高める知識については、学習カードの記述により評価する。

中心活動における指導のポイント

point　リラックスした背浮きの姿勢で、手と足の動作と呼吸のタイミングを合わせた背泳ぎのポイントを確認する。続けて長く浮く背浮き姿勢を維持したまま手足をゆったり動かすよう、段階的に練習を進めていく。

　また、ペアを組んで学習資料やタブレット端末等のICT機器を使って、互いの課題を把握し、助言や補助をし合いながら練習に取り組むとより効果的である。

本時の展開

	時	生徒の学習活動と指導上の留意点
はじめ	5分	○集合して、あいさつ、点呼、健康観察をする。 ○本時の目標等を確認する。 ○安全面、学習の留意点、バディチェックを行う。
準備運動 水慣れ 感覚づくり の運動	10分	**準備運動** ○シャワーを浴びて、バディを確認する。 **感覚づくりの運動** 1 ○背浮き。 ○浮いた姿勢での体勢変化（手を上げる）。 ○背浮き状態での牽引。
背泳ぎ	30分	**下記のような流れを確認した上で、バディで背泳ぎに取り組む** 2 ○安定した背浮き姿勢。 　⇒姿勢を維持しながらのキック動作。 　⇒姿勢を維持しながら手の動作を加える。 　⇒左右の手を入れ替える動作や足の動作に合わせて呼吸する。
学習の振り返り	5分	○退水・バディチェック（人数確認・健康観察）。 ○整理運動。 ○バディで本時の学習の振り返りを行う。

1 感覚づくりの運動について

○背浮き

○背浮き状態での牽引

○体勢変化

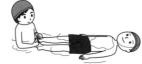

2 背泳ぎの段階的指導（例）（※姿勢を崩さないこと）

① 姿勢を維持したままのキック動作（補助具やバディの補助を含め）

② ①に手の推進を加える（両手での推進）

③ ①に手の推進を加える（片手での推進）。
　⇒肩の横くらいから片手ずつかく。

④ ①の姿勢を変更してのキック動作（両手体側から片手を頭上へ）。

片腕を頭上に伸ばしてキック

⑤ ③と④を組み合わせる。
　⇒④でしばらく推進して③でかく。

⑥ ④の姿勢での右手と左手の入れ替えを行う。
　⇒④の姿勢を左右で行う。

⑦ ③と⑥を組み合わせる。
　⇒⑥のときに頭上に伸ばした手をかきながら。

3 背泳ぎのポイント

○上記＋直線的なリカバリー

水中では、肘が肩の横で60〜90度程度曲がるようにしてかく。
水面上の腕は、手と肘を高く伸ばした直線的な動きをする。

呼吸は、プルとキックの動作に合わせて行う。

○くの字に曲がった姿勢

腰が「く」の字に曲がらないように腰を伸ばし、水平に浮いてキックをする。

1 運動やスポーツの多様性

2 体ほぐしの運動・体の動きを高める運動

3 短距離走・リレー

4 ハードル走

5 ゴール型バスケットボール

6 健康・疾病生活習慣

7 水泳クロール・背泳ぎ

本時案

クロールで速度を速める泳ぎ方のポイントを知ろう

6-7/10

本時の目標

クロールのプル・キック・コンビネーションの動きのポイントを理解するとともに、長く泳ぐこととの関連を図りながら速く泳ぐための泳ぎ方ができるようにする。また、仲間と協力する場面で、分担した役割に応じた活動の仕方を見付けることができるようにする。

評価のポイント

クロールで速度を速める泳ぎ方(一定のリズムの強いキック、腕全体で水をかくプル、ローリング動作に合わせた横向き呼吸)を身に付けるとともに、長く泳ぐこととの関連で、一層水泳の特性(知識)を深めることができているかについて評価する。(観察・学習カード)

単元を通して、実際の動きとの関連で継続的に考えている姿を、積極的に評価していく。

中心活動における指導のポイント

point 大きな推進力を得るための力強い手の動きと、安定した推進力を得るための力強い足の動き、肩のローリングを利用した呼吸動作で、速度を速めて泳ぐことについてのポイントを確認する。この際、ただ手足を速く動かすだけでは、速度の上昇にはつながりにくいことを、実感を伴いながら理解できるように工夫する。

また、ペアを組んで学習資料やタブレット等のICT機器を使って、互いの課題を把握し、助言や補助をし合いながら練習に取り組むとより効果的である。

本時の展開

	時	生徒の学習活動と指導上の留意点
はじめ	5分	○集合して、あいさつ、点呼、健康観察をする。 ○本時の目標等を確認する。 ○安全面、学習の留意点、バディチェックを行う。
水慣れ	10分	**準備運動** ○シャワーを浴びて、バディを確認する。 **水慣れの運動** ○け伸び、背浮き、体勢変化とともに、以下の運動を行う。 ・強弱を付けた立位でのプル動作。 ・強弱を付けたキック動作。**1**
クロール	30分	**いろいろな速さで泳ぐ活動を選ぶ 2** 　課題A：ゆったりとしたクロール 　課題B：何ストロークで泳げるか 　課題C：何秒で泳げるか ◎単元後半の課題別学習の際に、タイムとストローク数の関係について課題解決を行う。その際に、本時の活動(協力)を想起できるよう、活動を工夫して行う。
学習の振り返り	5分	○退水・バディチェック(人数確認・健康観察)。 ○整理運動。 ○バディで本時の学習の振り返りを行う。

1 感覚づくりの運動について

○**強弱を付けた立位でのプル動作**

S字やI字で水をかく。
水をかく際、プル動作後半に向けて加速してかくようにする。

○**強弱を付けたキック動作**

足先をまっすぐ蹴り上げるだけでなく、左右方向へ動かして足の甲に圧を感じられるように蹴り上げる。

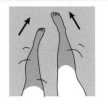

○**け伸び**

抵抗の少ない姿勢を保ち、脚が沈む（止まる）まで行う。

2 いろいろな速さで泳ぐ活動を選ぶ

生徒の泳力に合わせて、設定する距離を変える（プールの横を活用する）等、活動の趣旨に合うような設定をする。泳者は下記の課題で泳ぎ、その他の生徒は協力してタイムとストローク数をカウントするなど協力して行う。泳者は、全て終えた後に記録を見ながら泳いだ感想を記述する。

課題A：続けて長く泳ぐ（ゆったりとした）クロール
　小学校で学習した、続けて長く泳ぐ（ゆったりとした）クロールで泳ぐ。
課題B：25mを何ストロークで泳げるか試す
　なるべく少ないストローク数で泳ぎ切ることを目指して泳ぐ。
課題C：25mを何秒で泳げるか
　なるべく速いタイムで泳ぎ切ることを目指して泳ぐ。

学習カード⤓

3 クロールのポイント（速く泳ぐポイント）

水中で肘を曲げて腕全体で水をキャッチし、S字やI字を描くようにして水をかく。

一定のリズムで強いキックを打つ。

プルとキック、ローリングの動作に合わせて横向きで呼吸をする。

1 運動やスポーツの多様性
2 体ほぐしの運動・体の動きを高める運動
3 短距離走・リレー
4 ハードル走
5 ゴール型バスケットボール
6 健康・疾病生活習慣
7 水泳クロール・背泳ぎ

本時案

仲間と協力して、選択した泳法における自己の課題を解決しよう

8-9/10

中心活動における指導のポイント

point 課題解決に向けて、同じ泳法で同じ課題に取り組む仲間（バディやトリオ）と協力して、動きの観察や分析を通して助言や補助をし合いながら練習に取り組む。このとき、自身で泳ぐ際に意識したポイント（主観的な感覚）とともに、ペアを組んで学習資料やタブレット端末等のICT機器を使って、互いの課題を把握し、助言や補助をし合いながら練習に取り組むとより効果的である。

本時の目標

各泳法には、泳法に応じた、手のかき（プル）や足のけり（キック）と呼吸動作を合わせた一連の動き（コンビネーション）があることについて理解し、泳ぎのポイントを意識しながら、よりよく泳ぐことができるようにする。仲間と協力する場面で、分担した役割に応じた活動の仕方を見付けている。提示された動きのポイントやつまずきの事例を参考に、仲間の課題や出来映えを伝えることができるようにする。

評価のポイント

各泳法の技能は観察により、思考・判断・表現（課題発見）については観察及び学習カードにより評価する。

本時の展開

	時	生徒の学習活動と指導上の留意点
はじめ	5分	○集合して、あいさつ、点呼、健康観察をする。 ○単元の目標と学習の道筋を確認する。 ○安全面、学習の留意点、バディチェックを行う。
水慣れ感覚づくりの運動	10分	**準備運動** ○シャワーを浴びて、バディを確認する。 **これまで行った以下の運動から選んで行う** 1 ○背浮き。 ○伏し浮きから背浮きへの体勢変化。
課題別学習	30分	**選択した泳法で自己の課題を解決する** 〈クロールにおける課題別学習（例）〉 2 ○努力度を変化させたクロールへの取組の中で、ストローク数とタイムの関係を明らかにする活動の場。 〈背泳ぎにおける課題別学習（例）〉 3 ○6ストロークで何m進めたかに背泳ぎでチャレンジする取組の中で、バランスをとり泳げているかを確かめる場。
学習の振り返り	5分	○退水・バディチェック（人数確認・健康観察）。 ○整理運動。 ○バディやグループで本時の学習の振り返りを行う。

1 水慣れ（感覚づくり）について

○背浮き

○伏し浮きから背浮きへの体勢変化

2 努力度を変化させたクロールへの取組〈クロール〉

　決められた距離（25〜50m）で、タイムに挑戦していくようにする。その際、生徒が努力度（例えば、80％努力・90％努力・100％努力）を変化させて泳いだ結果をもとに、より効率的な泳ぎについて考えていけるよう、タイムとストローク数をもとに考える活動を取り入れるなど指導の工夫をする。

〈生徒の思考の例〉
・100％努力では、すごく頑張ったのに何であまりタイムが速くならないのだろう？
・回転数を上げるだけでは速くならないのかなぁ？
・1回で進む距離を短くしないように泳ぐ必要があるね。

ストローク記録表の例

努力度	タイム	ストローク数	1回で進んだ平均距離
80％	35　秒	25　回	1.00m
90％	32　秒	35　回	0.71m
100％	31　秒	50　回	0.50m

〈速度を速めるために必要なことは何ですか？〉

〈1回で進んだ平均距離〉

泳距離÷ストローク数

＊ストローク数が増えた（回転数が増加）した割には、タイムがあまり速くならない場合もある。

3 6ストロークで何m進めたかにチャレンジする〈背泳ぎ〉

　決められたストローク数で進んだ距離に挑戦していくようにする。その際、生徒がプルやキックの回転数を調整しながら、背泳ぎに取り組むことによって、バランスをとりながら泳げているかについて考えていけるよう、指導の工夫をしていく。

〈生徒の思考（観察）の例〉
・姿勢はちゃんと維持されているのか？
・右手と左手はどのようなタイミングで入れ替わっているのか？
・呼吸はいつしているのか？

〈課題別練習の場（例）〉

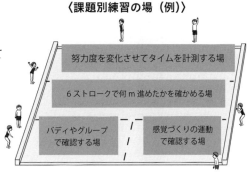

努力度を変化させてタイムを計測する場

6ストロークで何m進めたかを確かめる場

バディやグループで確認する場

感覚づくりの運動で確認する場

1 運動やスポーツの多様性
2 体ほぐしの運動・体の動きを高める運動
3 短距離走・リレー
4 ハードル走
5 ゴール型バスケットボール
6 健康・生活習慣・疾病
7 水泳クロール・背泳ぎ

本時案

力試しに取り組むとともに、単元のまとめをしよう

10/10

point 背泳ぎは距離（最長50m）や一定の距離を少ない回数で泳ぐこと、クロールは速度を速める（最長50m）など、個人の目標に応じて力試しに取り組む。また、グループを組み、お互いの伸びを相互評価して、具体的にどのような力が伸びたか伝え合う活動を大切にする。

本時の目標

一人一人の課題に応じた挑戦の仕方で、力試しに取り組むことができるとともに、学習した安全上の留意点を、他の学習場面に当てはめ、仲間に伝えている。学習の成果と課題を確認できるようにする。

評価のポイント

学習の段階に適した課題を設定したり、学習の進め方を工夫したりする学習に積極的に取り組んでいるかを評価する（観察・学習カード）。単元のまとめの段階であり、全ての評価規準の内容について、総括的な確認を行う。

本時の展開

	時	生徒の学習活動と指導上の留意点
はじめ	5分	○集合して、あいさつ、点呼、健康観察をする。 ○単元の目標と学習の道筋を確認する。 ○安全面、学習の留意点、バディチェックを行う。
準備運動 水慣れ	10分	**準備運動** ○シャワーを浴びて、バディを確認する。 **これまで経験したものを確認する**
スタートの 学習	10分	**スタートの学習をする 1** ○け伸び、5mラインでキック開始、壁を蹴ったらすぐにキック開始。
力試し	15分	**挑戦の仕方を選んで、力試しに取り組む 2** ○クロールのタイムに挑戦する。 ○背泳ぎの続けて泳ぐ距離に挑戦する。
学習の 振り返り 単元の まとめ	10分	○退水・バディチェック（人数確認・健康観察）。 ○整理運動。 ○バディやグループで本時の学習の振り返りを行う。 〈クロール〉 ・ストローク数とタイムの関係について理解したことを学習カードに記入する。 ・速度を速めて泳ぐためのプルやキック の行い方、呼吸動作について理解したことを学習カードに記入する。 〈背泳ぎ〉 ・バランスをとり泳ぐためのプルやキックの行い方について理解したことを学習カードに記入する。 ・手と足の動作にどのような呼吸を合わせるか、背泳ぎのポイントについて理解したことを学習カードに記入する。 ○単元のまとめをする。 　学習カードを用い、単元全体を通じて、成果と課題を振り返る。

1 運動やスポーツの多様性

2 体ほぐしの運動・体の動きを高める運動

3 短距離走・リレー

4 ハードル走

5 ゴール型バスケットボール

6 健康・疾病生活習慣

7 水泳クロール・背泳ぎ

1 水中からのスタートについて

　壁を蹴った後、キックやプルを開始するタイミングについて理解する（初速のスピードが落ちる直前のタイミングで、キックやプルを始めるとよい）。その際、ペアやトリオでそのタイミングを見付けていくなどの工夫をすることで、より理解が深まる。

> **次のような方法で比較**
> ①け伸び
> ②5mラインでキック開始
> ③壁を蹴ったらすぐにキック開始

○クロールの水中からのスタート

①片足をかける、②沈み込み、③け伸びの姿勢をつくる、④蹴り出し、⑤キックを打ち始める、⑥浮き上がりと同時にクロールへ。

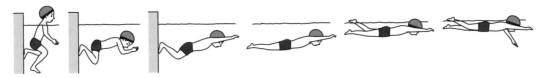

○背泳ぎの水中からのスタート

①構え、②手を離し進行方向に上げる。③蹴り出す　④け伸びの姿勢、⑤蹴り出す。⑥背泳ぎへ。

A　両手で壁（または、スターティンググリップ）をつかむ。

B　両手を離すことで、全身を水中に沈める。

C　顔が完全に沈んでから両方の足で壁を蹴る。このとき、水平姿勢を維持する。

2 力試しの場の設定

コースロープの設置を工夫し、タイム計測の場と続けて長く泳ぐ場を設定する。

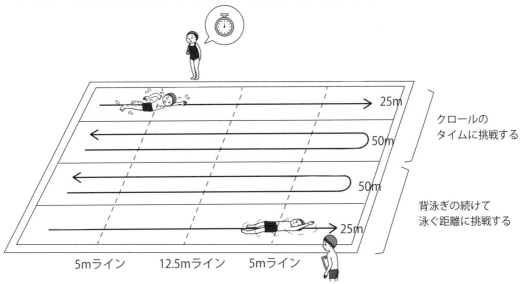

8 心身の機能の発達

5 時間

単元の目標

(1)心身の機能の発達について、理解することができるようにする。　　**知識及び技能**

(2)心身の機能の発達に関わる事象や情報から課題を発見し、疾病等のリスクを軽減したり、生活の質

単元計画（指導と評価の計画）

1・2 時（導入）		3 時（展開①）
身体の発育・発達には器官が急速に発育し、その機能が発達する時期があり、その時期や程度には人によって違いがあることについて理解できるようにする。	呼吸器・循環器の発育・発達について、課題を発見し、その解決に向けて思考し判断するとともに、それらを表現できるようにする。	生殖に関わる機能の成熟について、課題の解決に向けての話合いや意見交換などの活動に意欲的に取り組むことができるようにする。
1　体の発育・発達の特徴とは？ [主な学習活動] ○身長の成長曲線を描こう！ ○各器官の発育と発達についてスキャモンの発育曲線をもとに理解する。 ○発育・発達の個人差について考える。 ○自分の生活を振り返る。	**2　呼吸器と循環器が望ましく発達するためには？** [主な学習活動] ○呼吸器の発達について理解する（赤ちゃんとの比較）。 ○循環器の発達について理解する。 ○マラソン選手を例に、それらを発達させるためには何が必要か考える。 ○運動計画を作成する。	**3　生殖機能の発達について秘密を解明しよう！** [主な学習活動] ○思春期の体の特徴を考える。 ○思春期に起こる体の変化について考え、理解する。 ○性ホルモンの働きについて理解する。 ○生殖に関わる機能の発達について調べてまとめる。
[評価計画]　知①	[評価計画]　思①	[評価計画]　知②　態①

単元の評価規準

知識・技能	
①身体の発育には、骨や筋肉、肺や心臓などの器官が急速に発育し、呼吸器、循環器系などの機能が発達する時期があること、その時期や程度には、人によって違いがあることについて理解したことを言ったり書いたりしている。 ②思春期には、下垂体から分泌される性腺刺激ホルモンの働きにより生殖器の発育とともに生殖機能が発達し、男子では射精、女子では月経が見られ、妊娠が可能になること、生殖に関わる機能が成熟することについて理解したことを言ったり書いたりしている。	③身体的な成熟に伴う性的な発達に対応し、個人差はあるものの、異性への関心が高まったりすることから、異性の尊重、性情報への対処など、性に関する適切な態度や行動の選択が必要となることについて理解したことを言ったり書いたりしている。

8

心身の機能の発達

9

柔道

10

心の健康

11

マット運動

12

跳び箱運動

13

長距離走

14

ネット型バレーボール

を高めたりすることなどと関連付けて、解決方法を考え、適切な方法を選択し、それらを伝え合うことができるようにする

思考力、判断力、表現力等

(3)心身の機能の発達について、自他の健康の保持増進や回復についての学習に自主的に取り組もうとすることができるようにする。

学びに向かう力、人間性等

4時（展開②）	5時（まとめ）
受精と妊娠が起こる仕組みについて理解したことを言ったり、書いたりすることができるようにする。	身体的な成熟に伴う性的な発達に対応し、性に関する適切な態度や行動の選択が必要となることについて理解できるようにする。
4　生命が誕生する奇跡を解明しよう！ [主な学習活動] ○妊娠とはどのようなことか考える。 ○受精と妊娠について理解する。 ○思春期の体の変化について理解し、これからの行動・言動を考える。 ○大人の体になることの意義について、考えを深める。	**5　性とどう向き合うか？** [主な学習活動] ○思春期の心について考える。 ○性的関心と性衝動について理解する。 ○性情報の対応について考える。 ○事例をもとに、正しい情報選択と行動について考えをまとめる。
[評価計画] 知②	[評価計画] 知③ 思②

思考・判断・表現	主体的に学習に取り組む態度
①心身の機能の発達について、習得した知識を自他の生活に適用したり、課題解決に役立てたりして、発達の状況に応じた健康を保持増進する方法を見いだしている。 ②心身の機能の発達について、課題の解決方法とそれを選択した理由などを、他者と話し合ったり、ノートなどに記述したりして、筋道を立てて伝え合っている。	①心身の機能の発達についての学習に自主的に取り組もうとしている。

体の発育・発達の特徴とは？

本時の目標

身体の発育・発達には器官が急速に発育し、その機能が発達する時期があり、その時期や程度には人によって違いがあることについて理解できるようにする。

評価のポイント

身体の各器官の発育の特徴やその時期・程度は人によって違いがあることについて理解したことを言ったり書いたりしているかを見取る。

本時の板書のポイント

- - - - - - - - - - - - - - - - - - - -

point 黒板に複数の生徒の予想を様々な色のチョークで書くことで多様な意見があること、その意見をもとに課題を見いだしたい。

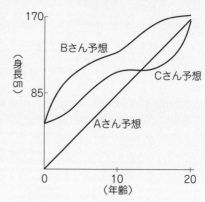

第1時　体の発育発達

①身長の成長曲線を予想しよう！

○身長（体重）の成長の特徴

急に発育する時期が2度ある

〝発育急進期〟 2度目は〝思春期〟

※多くの場合、女子が男子より早く始まる。

本時の展開 ▷▷▷

1 身長の発育曲線を描く

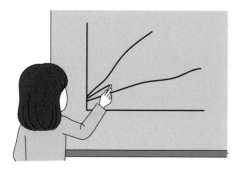

「20歳で身長が170cm の人は、生まれてからどのように身長が発育したかな」と発問し、学習カードに予想の曲線を描かせる。その後、「身体の発育・発達にはどのような特徴があるのか？」と課題を設定する。

2 各器官の発育・発達について科学的に理解する

中学生の時期はどのような特徴があるかな？

スキャモンの発育曲線を参考に、身体の各器官の発育・発達に関する特徴を整理する。その際、「中学生の時期はどのような特徴があるかな？」と発問し、発育急進期があることを理解させる。

8
心身の機能の発達

9
柔道

10
心の健康

11
マット運動

12
跳び箱運動

13
長距離走

14
ネット型
バレーボール

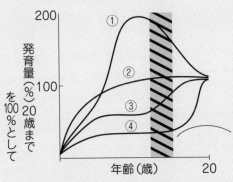

課題 **身体の発育・発達にはどのような特徴があるのか?**

②体の発育・発達の仕方

①リンパ型…胸腺、へんとうなど
②神経型…脳や脊髄など
③一般型…心臓、肺、骨、筋肉など
④生殖型…精巣、卵巣など

みんなの時期の特徴!?

○③、④が急速に発達
○脳や脊髄は大人と同じくらい

※時期や程度には個人差がある。

③よりよい発育、発達をするためには

〈望ましいこと〉
運動
食事　休養　　など

調和の取れた生活

〈避けたいこと〉
喫煙、飲酒
薬物乱用
危険な行動

3 発育・発達の個人差について
理解する

「1年間で身長は何cm伸びたか」と発問
し、グループでシェアする。身長をはじめ、
様々な器官では、発育・発達の速さに個人差が
あることを考えさせたい。また、男子と女子の
発育のスピードにもふれることで、性差も理解
することができる。

4 よりよい発育・発達について自分
の生活を振り返る

今までの自分の生活を振り返りながら、どの
ような生活をすることで、よりよく身体が発
育・発達するかを学習カードに記入するよう促
す。考えた内容をグループで共有し、その後全
体で交流する。

学習カード⤓

呼吸器と循環器が望ましく発達するためには？

本時の目標

呼吸器・循環器の発育・発達について、課題を発見し、その解決に向けて思考し判断するとともに、それらを表現できるようにする。

評価のポイント

習得した知識を自他の生活に適用したり、課題解決に役立てたりして、発達の状況に応じた健康を保持増進する方法を見いだしている。

本時の板書のポイント

- - - - - - - - - - - - - - - - - -

point　赤ちゃんとマラソン選手のイラストを事前に準備することで、生徒が興味・関心をもって授業に臨むことができる。

本時の展開 ▷▷▷

第2時　呼吸器循環器の発育発達

小学校の理科と関連させよう！

①呼吸器の発達

┗→ 鼻、のど（気管）、気管支・肺など

・主な働き　ガス交換

肺に入った酸素は、肺胞で血液中の二酸化炭素と交換される。

・発達すると、呼吸数が多いのは？

中学生イラスト ＞ 赤ちゃんイラスト

なぜ、呼吸数が減ったのか。

⇩

肺胞の数が増える。
肺全体が大きく発育する。

1回で取り込める空気の量が増える！

1 呼吸器の発達について理解する

自分の呼吸数を測らせ、「赤ちゃんと比較するとみんなの呼吸数は多いかな？少ないかな？」と発問する。呼吸数が減少することを理解させ、呼吸器が発達するとは何がどうなることかを考えさせる。

2 循環器の発達について理解する

小学校の理科で学習した、心臓や血液の役割についての内容を押さえ、循環器の役割と発達について「脈拍数の年齢による変化グラフ」などを活用し、科学的に理解させる。その際、大きさの違うペットボトルを準備し、心臓の大きさに比例し、拍出量が増えることを実演する。

②循環器の発育・発達

└→心臓、動脈、静脈、毛細血管など

・主な働き　血液循環

全身の細胞に酸素や栄養素を送り、細胞から出された二酸化炭素や老廃物を回収する。

心拍数　減　　　　　　　　一度の拍出量　増

一般人
or
中学生　　<　　マラソン選手

なぜ、心拍数が減ったのか。

↓

心臓が発育する。

↓

一度に心臓から送り出せる
血液の量が増える！

◎呼吸器、循環器の働きが急速に発達する思春期に持久的な運動を継続して自らをより発達させる。

○１週間の運動計画を立ててみよう！

月　　　火　　　水　　　木　　　金　　　土　　　日

---

3 呼吸器と循環器の働きを発達させるためには何が必要か考える

　「一般的に、マラソン選手が１分間の脈拍数が少ないのはどうしてだろう？」と発問し、呼吸器、循環器と運動との関係について考えさせる。また、新体力テストの持久走の記録と呼吸数や脈拍数を関連付けてもよい。

4 振り返り 運動計画を作成する

　呼吸器と循環器の発達と運動の関係についてまとめる。「どのような運動をしたらよいかな」と問いかけ、持久トレーニングやインターバルトレーニングを例に挙げて、運動計画を作成させる。その際、「自己の生活」に結び付くように声かけをしたい。

学習カード⊡

8
心身の機能の発達

9
柔道

10
心の健康

11
マット運動

12
跳び箱運動

13
長距離走

14
ネット型
バレーボール

生殖機能の発達について秘密を解明しよう！

本時の目標

生殖に関わる機能の成熟について、課題の解決に向けての話合いや意見交換などの活動に意欲的に取り組むことができるようにする。

評価のポイント

課題の解決に向けて、話合いや意見交換などの学習活動に意欲的に取り組もうとしているかを観察する。

本時の板書のポイント

- -

point スキャモンの発育曲線を振り返ることで、前時までの振り返りができる。まとめの調べ学習では、補足説明を書くことで正しい知識の理解を目指したい。

第3時　**生殖に関わる働きの成熟**

ふり返り

思春期に急速に発達

・一般型（骨、筋肉、肺、心臓）
・生殖型

赤ちゃんを誕生させることができる体になる。

○思春期の男女の特徴

男子	女子
・肩幅が広くなる。	・腰幅が広くなる。
・筋肉質の体。	・乳房が大きくなる。
・声変わりが起こる。	・丸みをおびた体になる。

本時の展開 ▷▷▷

1 思春期の体の発育に関わる特徴を考える

「思春期に急速に発育する器官の特徴はあるかな？」と発問する。その際、前時に取り上げたスキャモンの発育曲線を用いて考えさせる。「どうしてこのような変化が起きるのかな？」と発問し、本時の課題に迫りたい。

2 思春期の体の変化について考える

「思春期になると男らしい、女らしい体つきの変化が少しずつ出てきます。どのような変化があるかな？」と発問し、グループで話し合い学習カードに記入させる。男女一緒に考えることで互いに違いに気付きやすくなる。

8
心身の機能の発達

9
柔道

10
心の健康

11
マット運動

12
跳び箱運動

13
長距離走

14
ネット型バレーボール

課題　生殖に関わる機能の発達について秘密を解明しよう

①体の変化とホルモン　　　個人差あり

下垂体→性腺刺激ホルモン→生殖器の発達→体の変化
女子→卵巣の発達→卵子が成熟→女性ホルモンが分泌
男子→精巣の発達→精子→男性ホルモンが分泌

②調べてみよう！　　　学習カード⤓

Q1.射精と月経は男女どちらに起きるか

射精…男子

月経…女子

Q2.射精と月経はいつから起きるのか

射精…個人差あり
※初めてのこと…精通

月経…個人差あり
※初めてのこと…初経

Q3.射精と月経はどんなときに起きるのか

射精…心身に性的な
　　　興奮や刺激

月経…周期的

Q4.射精と月経は何のために起きるのか

射精…生殖のため、女性
　　　の体内で受精するため。

月経…体のメンテナンス。
　　　古くなった子宮内膜をはがし、
　　　新しい子宮内膜を準備する。

3 性ホルモンの働きについて理解する

視床下部
脳下垂体

　思春期になると、脳の下垂体から性腺刺激ホルモンが分泌されるようになり、その刺激によって男子は精巣、卵巣の働きが活発になること、それに伴い男性ホルモン、女性ホルモンが分泌されるようになることを理解する。

4 生殖に関わる機能の発達について調べてまとめる

　「射精と月経は男女どちらに起きるか」「射精と月経はいつから起きるのか」「射精と月経はどんなときに起きるのか」「射精と月経は何のために起きるのか」、これら生殖に関わる機能の発達について調べて学習カードにまとめる。教師の説明を聞き、付け足しと修正を行う。

生命が誕生する奇跡を解明しよう！

本時の目標

受精と妊娠が起こる仕組みについて理解したことを言ったり、書いたりすることができるようにする。

評価のポイント

受精と妊娠の仕組みについて、科学的に理解することができたかを、学習カードに具体例を示しながら書けているかを見取る。

本時の板書のポイント

- - - - - - - - - - - - - - - - -

point 妊娠の仕組みについて、黒板に拡大コピーを貼り、精子や卵子の動きを見せることで理解を深めることができる。

第4時
生殖に関わる働きの成熟（2）

問　妊娠したとは、
　　どのような状態かな？

①卵子と精子が受精　○人
②受精卵が子宮内に着床　○人
③赤ちゃんの姿をエコーで確認　○人
④陣痛が始まった　○人

○体つきの変化、排卵・月経・
　射精が起こる意味とは？

〝新しい生命を誕生させることが可能〟
〝大人に近づいている証〟

生徒の声を拾い
表現を変えてもよい

本時の展開 ▷▷▷

1 妊娠とは何かを考える

妊娠とはどのような状態かな？

「妊娠した有名人のニュースをよく聞くけど、妊娠したとはどのようなことを言うのかな」と発問する。分からない生徒が多い場合は、①卵子と精子が受精、②受精卵が子宮内に着床、③赤ちゃんの姿をエコーで確認、④陣痛が始まった、など選択肢を与えるとよい。

2 受精と妊娠について科学的に理解する

受精と妊娠の仕組みについて資料（図）をもとに理解する。その際、「１回に射精される精子は、何匹くらいいるかな？」と発問し、様々な関門を突破し奇跡的に受精することを想起させる。

課題：生命が誕生する奇跡を解明しよう！

（図：受精と妊娠の仕組み）※拡大印刷して黒板に貼る。

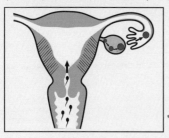

○受精とは、射精された精子が女性の膣や卵管を通り、卵子と合体すること。

○妊娠とは、受精卵が子宮へ移動し、子宮内膜に潜り込む。
→着床すること
（着床してから赤ちゃんが生まれるまで体内に胎児が宿っている状態）

┌──── 授業を行う際のポイント ────
│ あらかじめ、卵子と精子の教具を作っておき（マグネットでも可）、黒板で動かしながら、受精と妊娠の流れを説明する。
└─────────────────────────────

まとめ　大人の体になるとはどのようなことか？
○赤ちゃんを産むことができる体になること
○赤ちゃんを育てることができる体になること } 子どもの字で
○誰かを支えられる力がつくこと 　　　　　　（生徒の意見）

〝思春期の体の変化は「大人に近づいている証」〟

---

3 学んだことを生活に生かす

　思春期に生殖機能が発育するのは、妊娠を可能とする体に変化することを理解する。大人の体に変化する思春期に自分や周りの人に対して心がけることを考えさせ、それをどのように生活に生かすかを話し合う。

4 大人の体になるとはどのようなことか振り返る

　大人の体になることはどのようなことかを学習カードにまとめる。思春期の体の変化は誰でも起こること、何故、起きるかを知っていると安心できること、思春期の体の変化は「大人に近づいている証」をメッセージとして伝える。

学習カード ⏬

8 心身の機能の発達
9 柔道
10 心の健康
11 マット運動
12 跳び箱運動
13 長距離走
14 ネット型バレーボール

性とどう向き合うか?

本時の目標

　身体的な成熟に伴う性的な発達に対応し、性に関する適切な態度や行動の選択が必要となることについて理解できるようにする。

評価のポイント

　他人に対する尊重や、性情報への具体的な対処方法などを理解できているかを学習カードなどで見取る。

本時の板書のポイント

- - - - - - - - - - - - - - - - - - - -

point　性情報の入手先では、グループで考えたことを色分けした付箋紙で表示させることで、同時に様々な意見を交流することができる。

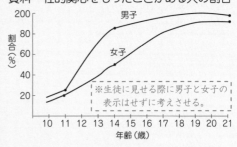

第5時　**性への関心と行動**

①性意識の変化

・性機能の成熟
　⇩
性意識の変化

{ ・性のことや異性への関心
　・性的欲求が強くなる
　・特定の人と交際したい }

資料　性的関心をもったことがある人の割合

（割合(%) 縦軸：20・40・80・200、横軸：年齢(歳) 10 11 12 13 14 15 16 17 18 19 20 21）
男子　女子
※生徒に見せる際に男子と女子の表示はせずに考えさせる。

・性意識の変化には、個人差がある。
　⇩
・相手も自分と同じと思い込む
・気持ちを押しつける
} 相手を傷つける

本時の展開 ▷▷▷

1 思春期の心について考える

どんな心の変化があるかな?

　「前時では、ホルモンの影響により生殖機能が成熟することを学びましたが、この時期、心にはどんな変化があるかな?」と発問し、思春期の心の変化について考えさせる。答えが出ない場合は、「どんなジャンルの小説が好きか?」などから発言を引き出したい。

2 性的関心と性衝動について理解する

　「異性にふれてみたい」などの事例を挙げて、性ホルモンによって脳が刺激され性衝動が生じることを理解させる。また、性衝動のままに行動をすると相手を傷付けることがあることを知る。

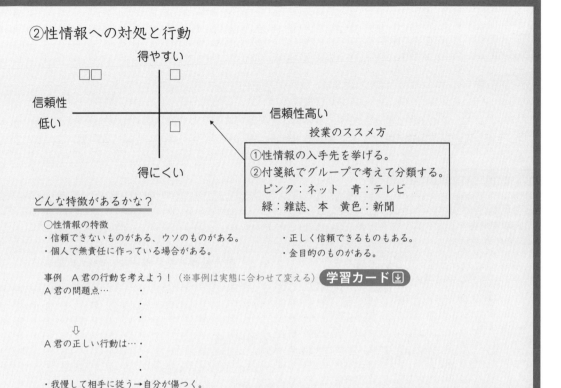

②性情報への対処と行動

得やすい

□□　　　□

信頼性
低い ──────────── 信頼性高い

□

得にくい

授業のススメ方
①性情報の入手先を挙げる。
②付箋紙でグループで考えて分類する。
　ピンク：ネット　青：テレビ
　緑：雑誌、本　黄色：新聞

<u>どんな特徴があるかな？</u>

○性情報の特徴
・信頼できないものがある、ウソのものがある。
・個人で無責任に作っている場合がある。

・正しく信頼できるものもある。
・金目的のものがある。

事例　A君の行動を考えよう！（※事例は実態に合わせて変える）　**学習カード**⤓

A君の問題点…　　・
　　　　　　　　・
　　⇩
A君の正しい行動は…・

・我慢して相手に従う→自分が傷つく。

---

3 性情報の対応について考える

「性情報はどこから入手するのか」と発問し、グループで考える。次にその情報は得やすいか、信頼性が高いかを考え、用意した付箋紙に入手方法を書き黒板に貼る。情報にはどんな特徴があるかを考える。また、性衝動をあおるような性情報などがあることも理解させる。

4 A君の改善策を考える

A君はどのような行動をとれば良かったか指摘してあげよう

仮の事例として、A君は、Bさんのことが大好きでC君に相談したところ、インターネットに告白相談所という掲示板があることを知り、そこからの情報をもとに告白をするという事例を伝える。そのA君の行動の問題点や正しい行動について、学習カードにまとめる。

8 心身の機能の発達
9 柔道
10 心の健康
11 マット運動
12 跳び箱運動
13 長距離走
14 ネット型バレーボール

9 柔道

(9 時間)

単元の目標

(1)次の運動について、技ができる楽しさや喜びを味わい、武道の特性や成り立ち、伝統的な考え方、技の名称や行い方、その運動に関連して高まる体力などを理解するとともに、基本動作や基本となる技を用いて簡易な攻防を展開することができるようにする。

単元計画（指導と評価の計画）

1時（導入）	2～4時（展開①）
単元の学習内容及び武道の特性や成り立ち、安全性について知る。	相手の動きに応じた基本動作と受け身を身に付ける。
1　学習の進め方と柔道について知ろう POINT：生徒は初めて武道を学習するので、特性や成り立ちなどの他に安全について確認する。 [主な学習活動] ○集合・あいさつ ○単元の目標や学習の道筋の確認 ○武道の特性や成り立ち ○伝統的な考え方 ○安全に関する約束事項 ・活動場所の安全点検（畳のズレ・破損など） ・生徒の安全点検（健康状態・爪・ヘアピンなど） ・組み手（全員右組） ・相手を選ぶ（体力差・体格差を考慮する） ・相手を思いやる ○学習の振り返り	**2～4　基本動作と受け身を身に付けよう** POINT：基本動作や受け身を身に付ける過程で生徒が相互に評価し合う場面をつくるなど、対話的な学びにつなげる取組を展開する。 [主な学習活動] ○集合・あいさつ ○本時の学習の流れを確認 ○準備運動 ○姿勢（自然体・自護体） ○組み方（釣り手・引き手） ○進退動作（すり足・継ぎ足・歩み足） ○崩し（前後左右・斜め方向） ○体さばき（前さばき・前回りさばきなど） ○受け身（横受け身・後ろ受け身・前回り受け身） ○整理運動 ○学習の振り返り
[評価計画] 知①②	[評価計画] 技① 思② 態③

単元の評価規準

知識・技能	
○知識 ①武道は、対人的な技能をもとにした運動で、我が国固有の文化であることについて、言ったり書き出したりしている。 ②武道には技能の習得を通して、人間形成を図るという伝統的な考え方があることについて、言ったり書き出したりしている。 ③試合の行い方には、ごく簡易な試合におけるルール、審判及び運営の仕方があることについて、学習した具体例を挙げている。	○技能 ①相手の動きに応じた基本動作ができる。 ②投げ技では、「取」は技（授業で取り扱う技）をかけて投げ、「受」は受け身を取ることができる。 ③固め技では、「取」は「抑え込みの条件」を満たして相手を抑えることができる。 ④固め技において、「取」はけさ固めや横四方固めで相手を抑えることができる。

8 心身の機能の発達

9 柔道

10 心の健康

11 マット運動

12 跳び箱運動

13 長距離走

14 ネット型バレーボール

ア　柔道では、相手の動きに応じた基本動作や基本となる技を用いて、投げたり抑えたりするなどの簡易な攻防ができるようにする。　**知識及び技能**

(2)攻防などの自己の課題を発見し、合理的な解決に向けて運動の取り組み方を工夫するとともに、自己の考えたことを他者に伝えることができるようにする。　**思考力、判断力、表現力等**

(3)武道に積極的に取り組むとともに、相手を尊重し、伝統的な行動の仕方を守ろうとすること、分担した役割を果たそうとすること、一人一人の違いに応じた課題や挑戦を認めようとすることなどや、禁じ技を用いないなど健康・安全に気を配ることができるようにする。　**学びに向かう力、人間性等**

5〜8時（展開②）	9時（まとめ）
基本となる技（投げ技・固め技）を身に付ける。	技（投げ技・固め技）の発表会を行う。
5〜8　基本となる技を身に付けよう POINT：『中学校学習指導要領解説　保健体育編』では、投げ技の例示で5つ記されているが、単元の配当時間を考慮して取り扱う技の精選を図る。 [主な学習活動] ○集合・あいさつ ○本時の学習の流れを確認 ○準備運動 ○既習の基本動作や受け身 ○投げ技（精選した技を取り扱う） ○投げるなどの簡易な攻防 ○固め技（けさ固め・横四方固め） ○抑えるなどの簡易な攻防 ※投げ技と固め技の順序は逆でもよい ○整理運動 ○学習の振り返り	**9　身に付けた技を発表しよう** POINT：ペアやグループなど生徒同士で見合ったり助言し合ったりして、発表会に向けて高めていく。 [主な学習活動] ○集合・あいさつ ○本時の学習の流れを確認 ○準備運動 ○ペアやグループで見合い、発表会に向けて気付いた点や感想を伝え合う。 ○他のグループと相互に技の発表会を行い、評価し合う。 ○整理運動 ○学習の振り返り
[評価計画] 知③ 技②③④ 思③ 態②④	[評価計画] 思① 態①

思考・判断・表現	主体的に学習に取り組む態度
①提示された動きのポイントやつまずきの事例を参考に、仲間の課題や出来映えを伝えている。 ②学習した安全上の留意点を、他の学習場面に当てはめ、仲間に伝えている。 ③練習の場面で、仲間の伝統的な所作等のよい取組を見付け、理由を添えて他者に伝えている。	①武道に積極的に取り組もうとしている。 ②相手を尊重し、伝統的な行動の仕方を守ろうとしている。 ③一人一人の違いに応じた課題や挑戦を認めようとしている。 ④禁じ技を用いないなど、健康・安全に留意している。

本時案

学習の進め方と
柔道について知ろう

1／9

本時の目標

単元の学習内容及び武道の特性を知り、今後の活動が安全に展開できるようにする。

評価のポイント

武道の特性や伝統的な考え方を知り、安全に活動を展開していくためには、どのようなことに留意することが必要かを考えることができたか。

中心活動における指導のポイント

point 柔道は中学校で初めて学習する内容であるため、特性や成り立ち、安全性について知ることが重要である。そのため第1時では、教室での授業を想定している。

知識では、特性や成り立ち、伝統的な考え方などを理解させる。

安全な活動では、活動場所の安全、自分自身の安全、活動時の安全について考え、生徒同士で意見を交流し、その後の活動で一人一人が安全に気を配ることができるようにアドバイスをする。

本時の展開

	時	生徒の学習活動と指導上の留意点
はじめ	3分	**集合・あいさつ** ○単元の学習内容を知る。
武道の知識	20分	**武道の特性や成り立ち** ○武道は技を身に付けたり、身に付けた技を用いて相手と攻防したりする楽しさや喜びを味わうことができる。 ○武道は、武技・武術などから発生した、我が国固有の文化である。 **伝統的な考え方** ○武道は、単に試合の勝敗を目指すだけではなく、技能の習得など **◀1** を通して、人間形成を図るという考え方がある。 **技の名称や行い方** ○武道の技には名称があり、それぞれの技を身に付けるための技術的なポイントがある。 **運動に関連して高まる体力** ○武道はそれぞれの種目で、主として高まる体力要素が異なる。
安全な活動	20分	**活動場所の安全** **◀2** ○畳のズレや破損はないか。 ○柱の角やその他、危険は存在しないかなど。 **自分自身の安全** ○健康状態、爪、柔道衣の点検など。 **活動時の安全** ○相手と組み合う際は体力差・体格差等を考慮する。禁じ技を用いないなど。
まとめ	7分	**本時の学習について振り返る** ○学習カードを記入する。 ○グループや全体で本時を振り返る。 ○次時の学習予定を知る。

1 伝統的な行動の仕方

(1)　　　　　　　(2)

礼法は、立礼(1)と座礼(2)がある。

(3)　　　　　　　(4)

受け身を取りやすいように相手を投げる(3)。

勝敗が決まった後でも相手に配慮して感情の表出を控える(4)。

2 安全な活動

「安全な活動」について考えてみよう
　①活動場所の安全
　②自分自身の安全
　③活動時の安全　など

活動前の安全点検	活動中の安全指導	活動後の安全点検
【活動場所】 ・畳のズレはないか ・畳の破損はないか ・障害物はないか ※柱などがある場合は、防護カバーを取り付ける 【生徒】 ・健康状態のチェック ・眼鏡やヘアピン ・爪のチェック ・柔道衣のチェック	・周囲の安全に気を配る ・禁じ技や危険な技を用いない ・組み手は全員右組み ・投げ技で投げた際に、「取」は引き手を離さない ・固め技での「まいった」 ・投げ技や抑え技の攻防の際は相手を思いやる ・練習や試合の相手を選ぶ際、体格差や体力差、技能差等を考慮する	【活動場所】 ・畳のズレを直す ・畳の破損があった場合は修復する ・清掃をする 【生徒】 ・健康状態のチェック ・怪我のチェック ※特に頭部損傷が発覚した場合は迅速に対応する ・柔道衣のチェック

8 心身の機能の発達

9 柔道

10 心の健康

11 マット運動

12 跳び箱運動

13 長距離走

14 ネット型バレーボール

本時案

基本動作と受け身を身に付けよう

2-4／9

point 基本動作や受け身の学習では、個で取り組む活動、ペアやグループで取り組む活動などを段階的に展開していく。

また、ゲーム的な要素も取り入れながら楽しく学習に取り組むことができるようにする。受け身では、初歩の段階においては横受け身と後ろ受け身を習熟させることができるようにアドバイスをする。

評価は、ポイントを明確に示した上で生徒が相互に評価し合う場面をつくり、対話的な学びにつなげていく。

本時の目標

仲間の課題や出来映えを見て互いに助言し、相手の動きに応じた基本動作や受け身を身に付けるとともに、安全上の留意点を仲間に伝えたり、一人一人の違いを認めたりすることができるようにする。

評価のポイント

基本動作では、相手の動きに応じて行う姿勢と組み方、進退動作、崩しと体さばきができたか。受け身では、横受け身、後ろ受け身、前回り受け身ができたか。安全上の留意点を確認して仲間に伝えたり、一人一人の違いに応じた課題を認めたりしようとしているか。

本時の展開

	時	生徒の学習活動と指導上の留意点
はじめ		**集合・あいさつ（礼法等）** ○本時の学習内容を知る。
準備運動	5分	**本時の学習で使う部位をよくほぐす** ○足や足首、腕や手首、首、肩のストレッチ運動をする。 　→伸ばしている部位を意識させるように言葉かけをする。
柔　道	35分	**【基本動作】** ◀**1** ○姿勢（自然体・自護体） ○組み方（右組：釣り手・引き手） ○進退動作（すり足・継ぎ足・歩み足） ○崩し（前後左右・斜め方向） ○体さばき （前さばき・後ろさばき・前回りさばき・後ろ回りさばき） **【受け身】** **2** ○横受け身 ○後ろ受け身 ○前回り受け身 →学習した安全上の留意点を仲間と確認する。 →全員が楽しく行うことができるよう工夫する。
整理運動	3分	**運動で使った部位をゆったりほぐす** ○よく使った部位を中心にほぐす。
まとめ	7分	**本時の学習について振り返る** ○学習カードを記入する。 ○グループや全体で本時を振り返る。 ○次時の学習予定を知る。

1 基本動作

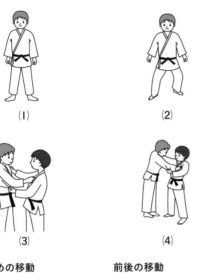

(1)　　　　　　　(2)

姿勢は、自然体(1)と自護体(2)がある。

(3)　　　　　　　(4)

組み方は、右組と左組があるが、授業では安全に留意して全員右組で指導する(3)。

崩しは、前後左右など8方向ある(4)。

ななめの移動　　**前後の移動**　　**横の移動**　　**回転の移動**

進退動作（すり足）は、普段歩くような足の動きの「歩み足」と前の足を後ろの足が越さない足の動きの「継ぎ足」がある。

2 受け身

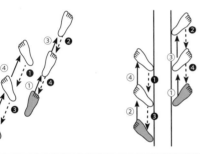

(5)　　　　　　(6)　　　　　　(7)

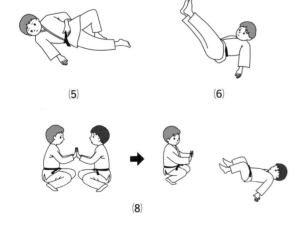

(8)

受け身は、投げられた際に安全に身を処するために大切な技能である。
横受け身(5)、後ろ受け身(6)、前回り受け身(7)。

プッシングゲーム(8)
ペアで向かい合った状態から相手を押し合うゲームを取り入れて楽しく学習させる。

8 心身の機能の発達

9 柔道

10 心の健康

11 マット運動

12 跳び箱運動

13 長距離走

14 ネット型バレーボール

本時案

基本となる技
（投げ技・固め技）
を身に付けよう

本時の目標

　仲間の課題や出来映えを見て互いに助言し、相手の動きに応じた基本となる技（投げ技・固め技）を身に付けるとともに、仲間のよい取組を見付けたり、安全に留意し、伝統的な行動の仕方を守ろうとしたりすることができるようにする。

中心活動における指導のポイント

point　安全に学習活動を展開していくためには、易しい動き→難しい動き、弱い力→強い力など段階的な指導が必要である。

　投げ技の「取」の指導では、釣り手と引き手の動きと体さばきを関連させながら指導する。「受」は受け身がしっかりとれるように指導する。

　固め技の「取」の指導では、簡易な技の入り方を指導する。

評価のポイント

　投げ技では、既習の基本動作を活かして「取」と「受」の双方が比較的安定して投げたり、受け身をとることができたか。固め技では、「取」は抑え込みの条件を満たして抑えることができたか。仲間のよい取組を見付けて、理由を添えて伝えたり、安全に留意し伝統的な行動の仕方を守ろうとしたりしているか。

本時の展開

	時	生徒の学習活動と指導上の留意点
はじめ	5分	**集合・あいさつ** ○本時の学習内容を知る。
準備運動		**本時の学習で使う部位をよくほぐす** ○足や足首、腕や手首、首、肩のストレッチ運動をする。 　→伸ばしている部位を意識させるように言葉かけをする。
柔道	35分	**【投げ技】 1** ○支え技系 （膝車・支えつり込み足） ○まわし技系 （体落とし・大腰） ○刈り技系 （大外刈り） ○簡易な攻防→ 自由練習やごく簡易な試合など **【固め技】 2** ○けさ固め　○横四方固め ○簡易な攻防→ 自由練習やごく簡易な試合 ／ 単元の配当時間に応じて技の精選を図る。 ○仲間のよい取組を見付けて伝える。 ○禁じ技を用いないなど、安全に留意する。 ○仲間を尊重し、伝統的な行動の仕方を守る。
整理運動	3分	**運動で使った部位をゆったりほぐす** ○よく使った部位を中心にほぐす。 ○健康状態の確認をする。
まとめ	7分	**本時の学習について振り返る** ○学習カードを記入する。 ○グループや全体で本時を振り返る。 ○次時の学習予定を知る。

1 投げ技の段階的指導

○膝車

○体落とし

○大腰

投げ技の指導では、低い姿勢→高い姿勢へ、ゆっくり→速くなど、段階的に練習することが大切である。

2 固め技

○けさ固め

(1)

○横四方固め

(2)

抑え込みの3つの条件

○「受」が仰向けの姿勢である。

○「取」と「受」がほぼ向き合っている。

○「取」が脚を絡まれるなど、「受」から拘束を受けていない。

○簡易な攻防

(3)

(4)

簡易な攻防は、「取」は抑え込む・「受」は逃れる攻防(3)、片膝をついて正対した姿勢からの攻防(4)などがある。生徒の技能の程度に応じて内容や時間（秒）を工夫する。

8 心身の機能の発達

9 柔道

10 心の健康

11 マット運動

12 跳び箱運動

13 長距離走

14 ネット型バレーボール

本時案

身に付けた技（投げ技・固め技）を発表しよう

本時の目標

これまでの学習で身に付けた技（投げ技・固め技）を発表し合い、仲間の出来映えを伝え合うことができるようにする。

評価のポイント

これまで学習したことを踏まえて、仲間の課題や出来映えを伝えているか。

中心活動における指導のポイント

point　発表会では、相手を尊重する態度や伝統的な行動の仕方を守るようにアドバイスをする。また、一人一人の違いに応じた課題や挑戦を認めることができるように指導する。仲間の発表を見て行う生徒同士の評価は、「取」や「受」を評価する際のポイントを投げ技・固め技でそれぞれ明確に提示することが重要である。これらの活動を通して、柔道の学習に積極的に取り組もうとしているかについて、単元全体の活動について評価する。

本時の展開

	時	生徒の学習活動と指導上の留意点	
はじめ	5分	**集合・あいさつ** ○本時の学習内容を知る。	
準備運動		**本時の学習で使う部位をよくほぐす** ○足や足首、腕や手首、首、肩のストレッチ運動をする。 　→伸ばしている部位を意識させるように言葉かけをする。	
柔道	35分	**技の練習** ○ペアやグループで練習する。 **【投げ技】の発表会** 1 ○支え技系から1つを選択 （膝車・支えつり込み足） ○まわし技系から1つを選択 （体落とし・大腰） ○刈り技系 （大外刈り） **【固め技】の発表会** 2 ○けさ固め ○横四方固め	「取」は投げ技で投げて、「受」は受け身をとることができる。 「取」は簡易な技の入り方で抑え込む。「受」は返すことができる。 仲間の課題や出来映えを伝える。
整理運動	3分	**運動で使った部位をゆったりほぐす** ○よく使った部位を中心にほぐす。 ○健康状態の確認をする。	
まとめ	7分	**本時の学習について振り返る** ○学習カードを記入する。 ○グループや全体で本時を振り返る。 ○次時の学習予定を知る。	

1 投げ技の発表会

「取」の評価のポイント（例）
○崩しができている。
○体さばきができている。
○技がかかっている。

「受」の評価のポイント（例）
○受け身が取れている。

2 固め技の発表会

「取」の評価のポイント（例）
○抑え込みの3つの条件を満たして相手を抑え込んでいる。

「受」の評価のポイント（例）
○抑えられた状態から、相手を体側や頭方向に返すことができる。

3 技能の学習段階の例

		第1学年及び第2学年	第3学年
投げ技	支え技系	膝車	→
		支え釣り込み足	→
	まわし技系	体落とし	→
		大腰	→
			釣り込み腰
			背負い投げ
	刈り技系	大外刈り	→
			小内刈り
			大内刈り
固め技（抑え技）	けさ固め系	けさ固め	→
	四方固め系	横四方固め	→
			上四方固め
技の連絡	投げ技の連絡		大内刈り→大外刈り
			釣り込み腰→大内刈り
			大内刈り→背負い投げ
	固め技の連絡		けさ固め→横四方固め
			横四方固め→上四方固め

『中学校学習指導要領（平成29年告示）解説保健体育編』では、技能の学習段階の例が示されている（P.167）。武道の領域は、第1学年及び第2学年においては、全ての生徒に履修させることとなっているため、各学校においては年間指導計画における単元の配当時間や生徒の実態等に応じて、指導する技の精選を図りながら指導していくことが重要である。

8 心身の機能の発達
9 柔道
10 心の健康
11 マット運動
12 跳び箱運動
13 長距離走
14 ネット型バレーボール

10 心の健康

〔7時間〕

単元の目標

(1)心の健康について、理解することができるようにするとともに、ストレスに対処する技能を身に付けることができるようにする。

知識及び技能

単元計画（指導と評価の計画）

1・2時（導入）	3・4時（展開①）
○心は精神機能の総体として捉えられ、生活経験の影響を受けながら、脳の発達とともに発達することを理解できるようにする。 ○社会性の発達と自立について、生活経験や学習などの影響を受けながら、脳の発達とともに発達することについて、理解できるようにする。	○自己形成について、自己を客観的に見つめたり、他人の立場や考え方を理解できるようにする。 ○精神と身体には、密接な関係があり、互いに様々な影響を与え合うこと、それらは神経などの働きによること、欲求やストレスに適切に対処する必要があることを理解できるようにする。
1　心を発達させるとはどういうこと？ [主な学習活動] ○様々な心の働きについて理解し、知的機能と情意機能の発達について考える。 ○よりよい発達のため、「よい刺激」を考える。	**3　自己形成には何が必要かな？** [主な学習活動] ○自分について説明する文を作成し、自己を客観的に見つめる。 ○自己形成について、自分の体験をもとに考える。
2　社会性の発達に何が必要かな？ [主な学習活動] ○社会性の発達について、健康に関する資料などを見て理解する。 ○自分の心がどのように発達してきたのか学習カードにまとめる。	**4　心と体の関わり、欲求やストレスとは？** [主な学習活動] ○心と体の関わりについて、健康に関する資料などを見て理解する。 ○心と体が影響を与え合ってうまくいく経験や、失敗した経験を話し合う。 ○欲求やストレスについて考える。
[評価計画]　1時：知①　2時：知②	3時：思①　4時：知③／知④

単元の評価規準

知識・技能
○知識 ①心は、知的機能、情意機能、社会性等の精神機能の総体として捉えられ、それらは生活経験や学習などの影響を受けながら、脳の発達とともに発達することについて、理解したことを言ったり書いたりしている。 ②自己形成については、思春期になると、自己を客観的に見つめたり、他人の立場や考え方を理解できるようになったりするとともに、物の考え方や興味・関心を広げ、次第に自己を認識し自分なりの価値観をもてるようになるなど自己の形成がなされることについて、理解したことを言ったり書いたりしている。 ③精神と身体には、密接な関係があり、互いに様々な影響を与え合っていること、また、心の　状態が体に現れたり、体の状態が心に現れたりするのは、神経などの働きによることについて、理解したことを言ったり書いたりしている。 ④心の健康を保つには、適切な生活習慣を身に付けるとともに、欲求やストレスに適切に対処することが必要であることについて、理解したことを言ったり書いたりしている。 ⑤ストレスへの対処にはストレスの原因となる事柄に対処すること、コミュニケーションの方法を身に付けることなどの方法があり、それらからストレスの原因、自分や周囲の状況に応じた対処の仕方を選ぶことが大切であることについて、理解したことを言ったり書いたりしている。

(2)心の健康に関わる事象や情報から課題を発見し、疾病等のリスクを軽減したり、生活の質を高めたりすることなどと関連付けて、解決方法を考え、適切な方法を選択し、それらを伝え合うことができるようにする。　**思考力、判断力、表現力等**

(3)欲求やストレスへの対処などの心の健康について、自他の健康の保持増進や回復についての学習に自主的に取り組もうとすることができるようにする。　**学びに向かう力、人間性等**

8 心身の機能の発達

9 柔道

10 心の健康

11 マット運動

12 跳び箱運動

13 長距離走

14 ネット型バレーボール

5・6時（展開②）	7時（まとめ）
○心の健康を保つため、適切な生活習慣を身に付け、ストレスに適切に対処する必要があることについて理解できるようにする。 ○リラクセーションについて理解できるとともに、それらの方法が実践できるようにする。	ストレスへの対処について、習得した知識や技能を活用し、自分や周囲の状況に応じた対処の方法を選択できるようにする。
5　どのようにストレスに対処する？ [主な学習活動] ○ストレスとはどういうものなのかについて理解する。 ○事例のストレスの対処法を考える。 ○ストレスに対処する方法をインターネットで調べる。 **6　リラクセーションは有効か？** [主な学習活動] ○リラクセーションを行う意義について、理解する。 ○実際に、リラクセーション技能を行う。 ○自分に合った実践方法を選択し、実施前後の感覚の変化を共有することで、リラクセーションの特徴を共有する。	**7　ストレスの対処は適切か？** [主な学習活動] ○第4時の最後に行った事例における対処法を共有する。 ○事例の続きを紹介し、1つの対処法では解決しない場合の対処法を考える。 ○対処法を共有する。 ○ストレスの適切な対処とはどういうことか考え直す。 ○今後の自分にどのように生かしていくか考える。
5時：思② 6時：技①／知⑤	7時：思③／態①／知⑥

知識・技能	思考・判断・表現
⑥リラクセーションの方法等がストレスによる心身の負担を軽くすることについて、理解したことを言ったり書いたりしている。 ○技能 ①リラクセーションの方法等がストレスによる心身の負担を軽くすることについて、理解したことを言ったり書いたりしたことをもとに、それらの対処の方法ができる。	①欲求やストレスへの対処における事柄や情報などについて、保健に関わる原則や概念をもとに整理したり、個人生活と関連付けたりして、自他の課題を発見している。 ②欲求やストレスへの対処について、習得した知識や技能を自他の生活と比較したり、活用したりして、心身の健康を保持増進する方法やストレスへの適切な対処の方法を選択したりしている。 ③欲求やストレスへの対処について、課題の解決方法とそれを選択した理由などを、他者と話し合ったり、ノートなどに記述したりして、筋道を立てて伝え合っている。
主体的に学習に取り組む態度	
①欲求やストレスへの対処などの心の健康について、課題の解決に向けての学習に自主的に取り組もうとしている。	

単元計画
127

心を発達させるとは
どういうこと？

本時の目標

心は、精神機能の総体として捉えられ、生活経験などの影響を受けながら、脳の発達とともに発達することについて、理解できるようにする。

評価のポイント

心の発達は、生活経験や学習などの影響を受けながら、脳の発達とともに発達することについて、理解したことを言ったり、書いたりしている。

本時の板書のポイント

- -

point　生徒が成長を感じた場面を板書してから「心（脳）の発達には刺激が必要」と示すことで、生徒の声から最終課題に迫りたい。

```
第1時　心の発達(1)

問1. 心はどこにあるか？
　① 心臓　　　○人
　② 大脳　　　○人　　正解
　③ お腹　　　○人
　④ その他　　○人

①心の発達と大脳
　・心の働き
　　├→ 知的機能、情意機能、社会性。
　　└→ 大脳 などで営まれている。

思春期の発達の特徴
・「よりよく生きていくための」働きをする
　大脳新皮質が発達。
・思考、感情、創造性などの前頭前野が
　発達。
```

本時の展開　▷▷▷

1　心はどこにあるかな？

「心はどこにあるか指してみよう」と指示を出し、やらせてみる。何人かの生徒を当て、「何故、そこだと思う？」などと質問をする。次に「心にはどんな機能があるかな？」と発問し、小学校の学習を思い出しながら考えるように促す。

2　様々な心の働きを理解する

脳にはどんな機能があるかな？

「脳はどんな機能があるかな？」と、導入の追発問を行う。心の機能は、言葉を使う、記憶する、考える、理解する、判断するといった知的機能があること。うれしい、悲しいといった感情や思いなどの情意機能など様々な機能があることを理解できるように整理する。

8 心身の機能の発達

9 柔道

10 心の健康

11 マット運動

12 跳び箱運動

13 長距離走

14 ネット型バレーボール

| 課題 | よりよく心を発達させるためには、どうしたらよいだろうか |

②知的機能の発達

└→ 言葉を使う、記憶する、理解する、考える、判断する。

③情意機能の発達

└→ 喜び、悲しみ、楽しい、腹立たしい（感情）。
目標や決めたことをやり遂げようとする（意志）。

> みんなが今までの人生で 〝心〟 が成長したなと思った感じた場面

例
・スポーツで練習を頑張って試合に勝ったとき（Aさん）。
・たくさん勉強して、多くのことが分かったとき（Bさん）。
・怒られて素直に反省できたとき（Cさん）。　・映画やドラマを見て、感動したとき（Dさん）。

⬇

〝大脳は刺激がないと発達しない〟
みんなが考える脳への 〝よい〟 刺激

例
・いろいろな勉強を頑張る。　・新しい友達と話をする。
・たくさん本を読む。　・スポーツを体験する。

---

3 よりよい心を発達させるには何が
必要かを考える

小学校の卒業式は
心が成長したなー
と感じた

「体の発育・発達には適切な食事や休養、運動が有効だったが、心を発達させるためにはどのようなことが必要か？」と発問する。その際、「これまで心が成長したなと思う場面はある？」と追質問を行い、知的機能と情意機能は経験と学習によって促されることを理解させる。

4 よりよい心の発達のために、
考えを学習カードにまとめる

「大脳は刺激によって、発達するね。では、みんなが考えるよい刺激とはどのようなものか考えてみよう」と発問し、学習カードによい刺激を考え、記入を促し、全体交流する。

学習カード ⊡

社会性の発達に
何が必要かな？

本時の目標

　社会性の発達と自立について、生活経験や学習などの影響を受けながら、脳の発達とともに発達することについて、理解できるようにする。

評価のポイント

　社会性の発達と自立は、生活経験や学習などの影響を受け、脳の発達とともに発達することを理解できたか、学習カードに書けているか。

本時の板書のポイント

- -

point　社会性を発達させる意味を実感できるように、社会性の内容を具体的に示すことで、社会性を身に付けるためにどんなことが必要か考えを引き出しやすくする。

大人になるとはどういうこと？

□新入社員に求めること
　ランキングを予想しよう!!

1位　コミュニケーション力
2位　協調性
3位　誠実性
4位　ビジネスマナー
5位　主体性
6位　ストレス耐性
7位　実務スキル

> 解答の選択肢を提示し、生徒がランキングを予測する活動を行う。

本時の展開 ▷▷▷

1 社会性を発達させる必要性を考える

□新入社員に求めること
　ランキングを予想しよう!!

　「新入社員に求めることランキング」を予想する導入を用いて、生徒が社会性を発達させる必要性について実感できるよう、授業を展開する。実際には、生徒は自分が考えていたことと実際のデータの違いや共通点に目を向けることで、主体的な課題発見を目指す。

2 社会性とは何かを具体的に理解する

社会性
社会で生活するために必要な態度や行動。

・協調性…協力し合う。他人の立場や考えを尊重。
・責任感…役割を果たす。
・主体性…自分の意志や判断で行動する。

　社会性は主に「協調性」「責任感」「主体性」などに分類されていることを押さえ、それぞれについて具体的に考えるように促す。その際、学校の中でどのような場面が当てはまるか示すようにすると、生徒は発言しやすくなる。

社会性

社会で生活するために必要な態度や行動。

・協調性…協力し合う。他人の立場や考えを尊重。
・責任感…役割を果たす。
・主体性…自分の意志や判断で行動する。

親や大人への
疑問・反発

複雑な
心

誰かに頼りたい
甘えたい

大人 ⇄ 子ども
保護
依存

思春期…自立（自分のことは自分でする）

1人で決断・決定し、
実行することではない

周囲の人に頼る
アドバイスをもらう ⇒ 社会との
関わりが大切

相手の話を
よく聞く。

自分に都合のよい人ばかり
と付き合わない。

相手の立場を考え、
尊重する。

社会性の発達

相手との違いを
理解する。

様々なことに挑戦し、
人と出会う。

自分の気持ちを伝え、
成功・失敗の経験をする。

3 どのようなことを通して、社会性は
発達していくのか考える

大人になるとはどう
いうことかな？

「大人になるとはどういうことかな？」と発
問し、社会性を発達させることとの関連を考え
ることを促し、切り返し発問として「どのよう
なことが社会性を発達させるか」を問う。発言
が出てこない場合は、学校生活で社会性を発達
させるきっかけを考えるように促す。

4 社会性の発達について、自分の
生活に当てはめて考える

今までの自分の生活を振り返りながら、社会
性を発達させる上での、自分の課題と今後の改
善点について学習カードに記入するように促
す。

学習カード⤓

8 心身の機能の発達

9 柔道

10 心の健康

11 マット運動

12 跳び箱運動

13 長距離走

14 ネット型
バレーボール

第2時
131

自己形成には何が必要かな？

本時の目標

自己形成について、自己を客観的に見つめたり、他人の立場や考え方を理解できるようにする。

評価のポイント

自己を客観的に見つめたり、他人の立場や考え方を理解することで自己の認識が深まり、自己形成がなされることを理解できたか、学習カードに書けているか。

本時の板書のポイント

- -

point 自分がどのような大人になるかをイメージする活動を通して、自分を客観的に捉えることにより、自分らしさを大切にしていくために必要なことを整理する。

自分はどんな大人になる？

自分には、どんな可能性がある？

現実

ギャップに悩む＝思春期

自分は、どんな人間になりたい？

理想

本時の展開 ▷▷▷

1 自分がなりたい大人像を思い描きながら、現在と比較する

「自分は将来どんな大人になりたい？」と発問し、生徒の理想を引き出した上で、現実との違いに目を向けさせ、理想と現実のギャップに悩む時期が思春期であると整理する。

2 自分を4つの窓から客観的に捉える

Aさんはどんな人？

自分の学習カードの「自分ってどんな人？」「周囲の仲間はどんな人？」に記入する。その後、4人グループで互いに学習カードの内容を交流し、「自分も他人も知っている自分」「自分だけが知っている自分」など4つの窓に整理し、記入していく。

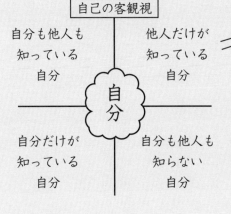

自分はどんな人？

自己の客観視

自分も他人も 知っている 自分	他人だけが 知っている 自分
自分だけが 知っている 自分	自分も他人も 知らない 自分

自分

様々な自分に気付く、
自分なりの価値観を
もつ。

自己認識を深める。

〝自分らしさ〟を大切に
していくために、何が必要かな？

様々な成功と失敗の
経験
⇩
次の挑戦を生む。

視野を拡大
知らないものの
見方・考え方
興味・関心を広
げる

3 自分が知らない自分に気付くことで自分をより客観的に捉える

　仲間から見える自分を捉えることで、自己認識を深め、様々な成功や失敗の経験を積むことや知らないものの見方・考え方を知ることができ、自分を新たに開拓していくことにつながると整理する。

4 自己形成についてまとめる

　今までの自分がどのように形成されてきたか、影響を与えてきたことを整理し、今後、自分らしさを大切にしていくためにどのようなことが必要かを学習カードに記入するよう促す。

学習カード⬇

第3時
133

心と体の関わり、欲求やストレスとは？

本時の目標

精神と身体には密接な関係があり、互いに様々な影響を与え合うことについて、理解することができる。また、欲求とストレスについて考えることができるようにする。

評価のポイント

精神と身体の関係、欲求やストレスの心身への影響を理解でき、学習カードに書いているか。

本時の板書のポイント

- -

point 生徒が考えたことを精神と身体のつながりが分かるように板書することにより、科学的な理解を促すように工夫するとともに、欲求とストレスについて整理する。

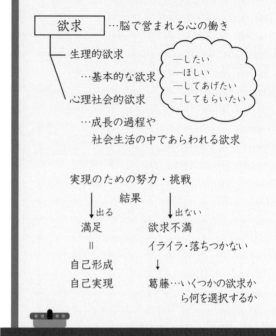

欲求とストレスは必要だろうか？

本時の展開 ▷▷▷

1 欲求とはどのようなものか整理する

欲求は主に生理的欲求と心理社会的欲求に分けられ、精神的な安定を図るために、欲求の実現に向けて取り組むことや、欲求が満たされないときによりよい方法を見付けたりすることがあることを整理する。

2 心と体の密接な関係について考える

心と体が影響を与え合ってうまくいく経験や、失敗した経験を生徒から引き出し、心と体の密接な関係について整理する。その中で、欲求とストレスが心に与える影響について考えていくことを提示する。

8
心身の機能の発達

9
柔道

10
心の健康

11
マット運動

12
跳び箱運動

13
長距離走

14
ネット型バレーボール

心　←──たがいの状態が──→　体
　　　　関係し合う

緊張 ──────────────→ 心拍数の増加
　　　　　　　　　　　　　　口が乾く

　　　自律神経や
　　　ホルモンの働き

集中できない ←────────── 体調不良
意欲が出ない

ストレス …周囲の刺激を受けて心や体に負担がかかった状態

ストレッサー ──────────→ 心や体の反応
（原因）

　　　適度→心の成長につながる

　　　過剰→心身への負担

3 ストレスとはどのようなものか整理する

　ストレスの影響は、原因（ストレッサー）そのものの大きさと、それを受け止める人の心や状態によって異なり、個人にとって適度なストレスは精神発達上必要なものである一方、過度なストレスは心身の健康や生命に深刻な影響を与えることにふれる。

4 欲求やストレスは必要であるかを考え、自分の生活を振り返る

　「自分にとって、欲求やストレスは必要だろうか」と発問し、自分が欲求やストレスとどのように向き合っているかを学習カードに記入するよう促す。

学習カード 🔽

どのようにストレスに対処する？

本時の目標

　心の健康を保つには、適切な生活習慣を身に付けるとともに、ストレスに適切に対処する必要があることについて、理解できるようにする。

評価のポイント

　心の健康を保つには、適切な生活習慣やストレスへの適切な対処が必要であることを理解できたか、学習カードに具体的に書けているか。

本時の板書のポイント

- -

point　ストレスのレベルの高さと許容量の限界を表すグラフを板書することにより、生徒がストレスに対処することの必要性について考えていけるようにする。

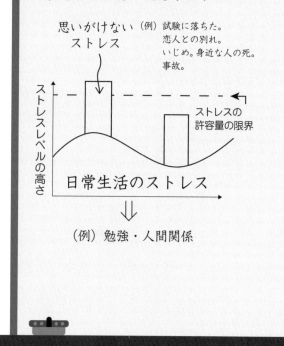

本時の展開 ▷▷▷

1 健康課題に着目し、心の健康についての学習課題を共有する

　「現代の健康課題として4人に1人が将来罹患する」と言われる心の不調によるストレスの話題から、心の健康について学ぶ意義を理解する。さらに、自分たちが抱えるストレスに対するアンケートから、心の健康の大切さや心の健康を保つ上での課題を共有する。

2 ストレスとはどういうものなのかを理解する

　ストレスとは、どのような状態であるのかを映像教材を用いて、理解を促す。日常生活のストレスと思いがけないストレスの両方に対処する必要があることにふれる。

※（参考）サニタの動画　https://sanita-mentale.jp/material.html

対処法①
・日常生活のストレスを小さくする

・心の健康を保つ
　　　‖
・体の健康を保つ→生活リズムを整える

対処法②
・思いがけないストレスに対処する
・気分転換
・相談

中学2年生の春。新しい学級の始まりにワクワクドキドキ。新しい教室に入ると、誰も知っている人がいなかった。初日、誰とも話すことができず下校。翌朝、憂うつな気分で登校したが、状況は変わらず、前の席の子がプリントを配るとき、後ろすら振り返ってもらえず、嫌われてるのかと思った。帰って、親には心配かけたくないと思い、明るく振る舞った。そんな状態が1週間続き、明日は委員班決めの日で眠れない。

あなたなら、どのように対処しますか？　学習カード⬇

8
心身の機能の発達

9
柔道

10
心の健康

11
マット運動

12
跳び箱運動

13
長距離走

14
ネット型バレーボール

3 ストレスに対処する方法をインターネットで調べる

　調べ学習のきっかけとして、ケーススタディを行う。ある事例（例：学校での人間関係、勉強面への悩み）をもとに、自分だったらどのように対処するかを考え、他者と交流を行う。その中で、様々な対処法があることへの気付きから、インターネットでの調べ学習につなげる。

4 対処法の分類を通して、事例への対処法を選択し直す

　多種多様に出てくる対処法を、①ストレッサーに対する対処、②他者への相談という対処、③気分転換やリラクセーションなどの対処、④受け止め方を考える対処に分ける。最後に、自分だったらどれを選択するかを、ケーススタディの事例について考え直す。

リラクセーションは
有効か？

　ストレスによる心身の負担を軽くするリラクセーションの様々な方法について、理解するとともにそれらの方法が実践できるようにする。

評価のポイント

　リラクセーションの方法を理解し、できるようになったか、学習カードや観察から見取る。

本時の板書のポイント

- -

point　様々なリラクセーションの技能がどのような効果をもたらすのかを板書することで、生徒が対処法を選べるようにする。

リラクセーションは、

呼吸法

どんな感じ？
　頭の中がスッキリする。
　心臓の音がゆっくり聞こえる。
　体が軽くなる。

どんな場面で有効？
　緊張しているとき。
　落ちつかないとき。

本時の展開 ▷▷▷

1　リラクセーションとは何のために行うのか、意義を理解する

リラックスしているとは、どんな状態かな？

　前時に学習したストレスの対処法のうち、気分転換の一環として、リラクセーションを取り上げることを示す。その上で、リラックスしているとはどのような状態かを問い、リラクセーションを行うことで目指す効果を板書で示し、科学的根拠をもとに理解する。

2　リラクセーションはどのような種類があるか、技能にふれる

　リラクセーション技能を一覧にまとめたプリントを配付し、1つずつ行い方のポイントを確認し、技能を紹介していく。具体的には、呼吸法、体ほぐしの運動、筋肉をリラックスさせる方法（筋弛緩法）を扱うこととする。

8 心身の機能の発達

9 柔道

10 心の健康

11 マット運動

12 跳び箱運動

13 長距離走

14 ネット型バレーボール

ストレス対処に有効だろうか？

体ほぐしの運動

どんな感じ？

体が軽くなる。
体がリラックスする。
心地よい。

どんな場面で有効？

体の局部が痛いとき。
体がだるくて重いとき。

筋肉をリラックスさせる

どんな感じ？

血液がジワーっと流れているのが分かる。
体がポカポカする。

どんな場面で有効？

緊張しているとき。
体がだるいとき。

体の緊張がほぐれる ⇒ 心身のストレスの負担を軽くする

---

3 自分に合った方法を実践し、実施前後の感覚を比較する

　自分に合ったリラクセーション技能を選択し、個人で実践し、感想を学習カードに記入する活動を行う。その後、同じ技能を選択した生徒同士で終わった後の感覚を交流するように促す。

学習カード ⬇

4 互いに選択した方法のよいところを交流する

自分が行った呼吸法は音楽法と組み合わせることで効果がアップするよ

筋弛緩法は1人で行ったほうが集中できるね

　自分とは違うリラクセーション技能を実践した生徒と、それぞれの実践を通して感じたことを交流し合う。さらに、それぞれの方法が有効な場面を交流するように促し、全体で整理する。

ストレスの対処は適切か?

本時の目標

　ストレスへの対処について、習得した知識や技能を活用し、自分や周囲の状況に応じた対処の方法を選択できるようにする。

評価のポイント

　ストレスへの様々な対処法を活用して、自分や周囲の状況に応じたストレスの対処法を選択し、学習カードに根拠を示しているか。

本時の板書のポイント

- -

point　本時までに生徒から引き出したストレスへの対処法を、それぞれの対処法の特徴を整理して板書することにより、生きた知識に形成し直す。

どのようにしたら

中学2年生の春。新しい学級
誰も知っている人がいなかっ
うつな気分で登校したが、状況
ろすら振り返ってもらえず、嫌
くないと思い、明るく振る舞っ
日で眠れない。

Ⓐ　**Aさんの悩み**

アドバイスをいただき、ありがとうございました。少しでも自分のことを分かってもらえるように、クラスメイトに話しかけてみることにしました。まずは、自分からあいさつしようと心に決めて、就寝し、朝起きました。
ところが、やっぱり話しかけるタイミングや何を話せばいいか分からないし、もう考え始めると心が苦しくて学校に行けません。

本時の展開 ▷▷▷

1 ストレスの対処法が適切かどうかを問い、学習課題を引き出す

　これまでに考えた事例に対する対処法を全体交流する。教師はある一例を取り上げ、「この対処法でストレスは解決できているのかな?」と発問する。生徒同士で、足りない部分を浮き彫りにし、ストレスに適切に対処するとはどういうことか、課題を共有していく。

2 ケーススタディの事例の続きを読み、対処法を考え直す

　事例の続きとして、これまでに分類したうちの1つの対処法では解決しない内容を示す(例:ストレッサーについての対処として相談する対処を行ったが、そのことばかり考えていて気が重い)。改めてどのように対処していくことが適切なのか、考えを再構築する。

適切にストレスに対処できるだろう

の始まりにワクワクドキドキ。新しい教室に入ると、た。初日、誰とも話すことができず下校。翌朝、愛は変わらず、前の席の子がプリントを配るとき、後われてるのかと思った。帰って、親には心配かけた。そんな状態が1週間続き、明日は委員班決めの

ストレッサーへの対処

あいさつから始める。
自分との共通点を見付ける。
人との関わり方を学ぶ。
・勇気が必要だが根本的な
　解決に大切。

相談する 対処

違うクラスの生徒に相談。
親や学校の大人に相談。
・気持ちが切り替わる。
・共感してもらって心が
　楽に。
・新たな解決策が生まれる。

Bさんの悩み

Ⓑ アドバイスをいただき、ありがとうございました。ずっと考えた結果、自分ではどうしようもないので、友達に相談することにしました。自分には思いつかない考え方に出合うことができて心が軽くなりました。明日のことをイメージしても、心配で「こうなったらどうしよう」と考えこんでしまいます。朝、起きて心が重くなったらどうしよう…眠れない…。

様々な対処から、状況に合わせて選ぶ

Cさんの悩み

Ⓒ アドバイスをいただき、ありがとうございました。やっぱり好きなことをするのが一番ですよね。好きなことをしてたら忘れますもんね。推しの力は地球を救う…いい言葉ですね。自分も好きな音楽聴いて、心に余裕をもてるようにしました。おかげでぐっすり眠ることができました。翌日、登校しました。学級に入ると、緊張していつも状況は同じでした。

リラクセーション

好きなことで気分転換。
現実から少し離れる。
・楽しい気持ちでリラックス。
・スッキリしない。モヤモヤ
　する気持ちは解決しない。

受け止め方への対処

これは、成長のチャンス。
新たな友達できる。
・心が変わらないと
　解決しないのでは?

---

③ グループや全体での交流から、適切な対処法について深める

気が重たいなら、やっぱり気分転換の方法を取り入れるのはどうかな

前回行ったリラクセーションを取り入れたらどうかな

そっか、それぞれの対処法には特徴があるんだね

様々な対処法のよさを生徒から引き出し、それぞれの対処法を生かすために組み合わせることの大切さに気付けるよう、板書を上記のように工夫する。それぞれの頭で考えていることを板書で構造化することで、新たな考え方を生み出しやすいように工夫する。

④ 自分に合ったストレスの対処法を実生活に置き換えて再考する

最終的に、今までの自分のストレスへの対処法を振り返り、事例を通して学んだことをどのように実生活に生かしていくかを整理する。その際、リラクセーション技能の取り入れ方などにもふれるようにする。ここでは、単元のまとめとしての振り返りも行う。

学習カード ⤓

8 心身の機能の発達

9 柔道

10 心の健康

11 マット運動

12 跳び箱運動

13 長距離走

14 ネット型バレーボール

11 マット運動

〔9 時間〕

単元の目標

(1)技ができる楽しさや喜びを味わい、器械運動の特性や成り立ち、技の名称や行い方、その運動に関連して高まる体力などを理解するとともに、技をよりよく行うことができるようにする。

　ア　マット運動では、回転系や巧技系の基本的な技を滑らかに行うこと、条件を変えた技や発展技を

単元計画（指導と評価の計画）

1時（導入）	2〜5時（展開①）
単元の学習内容を知り、器械運動の特性や成り立ち、技の系統性などを理解する。	回転系や巧技系の基本的な技や発展技を習得する。
1　マット運動の技の系統性などの知識を理解しよう POINT：既習の学習を振り返り、マット運動の学習を進めていく上で大切なことや技の系統性、安全な進め方について確認する。（教室での実施） [主な学習活動] ○あいさつ ○オリエンテーション ○本時の学習のねらいの確認 ○器械運動の成り立ちや特性の理解 ○各技群における行い方（汎用的な知識）の理解 ○マット運動での安全な行い方の理解 ○学習の振り返り	**2〜5　基本的な技や発展技を習得しよう** POINT：各技群の汎用的な知識と具体的な知識を関連させながら、基本的な技や発展技に取り組む。 [主な学習活動] ○集合・あいさつ ○本時の学習のねらいの確認 ○準備運動・動きづくり ○各技群における行い方（具体的な知識）の理解 ○各技群の基本的な技及び発展技の取組 ○仲間の学習を援助しようとする態度の意義や方法についての理解及び実践 ○整理運動 ○学習の振り返り
[評価計画]　知①②③	[評価計画]　知④⑤　技①②③　態②

単元の評価規準

知識・技能	
○知識 ①器械運動には多くの「技」があり、これらの技に挑戦し、その技ができる楽しさや喜びを味わうことができることについて、言ったり書き出したりしている。 ②器械運動は、種目に応じて多くの「技」があり、技の出来映えを競うことを楽しむ運動として多くの人々に親しまれてきた成り立ちがあることについて、言ったり書き出したりしている。 ③技の名称は、運動の基本形態を示す名称と、運動の経過における課題を示す名称によって名付けられていることについて、言ったり書き出したりしている。 ④技の行い方は、技の課題を解決するための合理的な動き方のポイントがあることについて、学習した具体例を挙げている。	⑤発表会には、学習の段階に応じたねらいや行い方があることについて、具体例を挙げている。 ○技能 ①接転技群では、体をマットに順々に接触させて回転するための動き方や回転力を高めるための動き方で、基本的な技の一連の動きを滑らかにして回ること、学習した基本的な技を発展させて一連の動きで回ることのいずれかができる。 ②ほん転技群では、全身を支えたり突き放したりするための着手の仕方、回転力を高めるための動き方、起き上がりやすくするための動き方で、基本的な技の一連の動きを滑らかにして回転すること、学習した基本的な技を発展させて一連の動きで回ることのいずれかができる。

行うこと及びそれらを組み合わせること。

(2) 技などの自己課題を発見し、合理的な解決に向けて運動の取り組み方を工夫するとともに、自己の考えたことを他者に伝えることができるようにする。

思考力、判断力、表現力等

(3) （積極的に取り組むとともに）、よい演技を認めようとすること、仲間の学習を援助しようとすること、（一人一人の違いに応じた課題や挑戦を認めようとすること）（など）や、（健康・安全に気を配ること）ができるようにする。

学びに向かう力、人間性等

6〜8時（展開②）	9時（まとめ）
技の出来映えや課題を仲間に分かりやすく伝える。	組み合わせた技の発表会を行う。

| **6〜8　技の出来映えや課題を仲間に伝えよう**
POINT：課題の解決に向けて、対話的な学びが行いやすいように、練習場所の工夫を行う。

[主な学習活動]
○集合・あいさつ
○本時の学習のねらいの確認
○準備運動・動きづくり
○自己の課題を踏まえた練習方法の選択
○課題別学習
○仲間のよい演技を認めようとする態度の意義や方法についての理解及び実践
○発表会に向けた技の練習の取組
○整理運動
○学習の振り返り | **9　グループで個々が組み合わせた技の発表をしよう**
POINT：グループ内で組み合わせた技を発表し、お互いの技の出来映えや仲間の努力を認め合う。

[主な学習活動]
○集合・あいさつ
○本時の学習のねらいの確認
○準備運動・動きづくり
○発表会に向けた練習の取組
○グループの中で組み合わせた技の発表
○整理運動
○学習の振り返り |
| [評価計画] 技④⑤⑥　思①②③　態① | [評価計画] 総括的な評価 |

知識・技能	思考・判断・表現
③平均立ち技群では、バランスよく姿勢を保つための力の入れ方、バランスの崩れを復元させるための動き方で、基本的な技の一連の動きを滑らかにして静止すること、学習した基本的な技を発展させてバランスを取り静止することのいずれかができる。 ④接転技群及びほん転技群では、開始姿勢や終末姿勢、組み合わせの動きや手の着き方などの条件を変えて回ることができる。 ⑤平均立ち技群では、姿勢、体の向きなどの条件を変えて静止することができる。 ⑥同じグループや異なるグループの基本的な技、条件を変えた技、発展技の中から、いくつかの技を「はじめ―なか―おわり」に組み合わせることができる。	①提示された動きのポイントやつまずきの事例を参考に、仲間の課題や出来映えを伝えている。 ②提供された練習方法から、自己の課題に応じて、技の習得に適した練習方法を選んでいる。 ③仲間と協力する場面で、分担した役割に応じた活動の仕方を見付けている。
	主体的に学習に取り組む態度
	①よい技や演技に称賛の声をかけるなど、仲間の努力を認めようとしている。 ②練習の補助をしたり、仲間に助言したりして、仲間の学習を援助しようとしている。

本時案

マット運動の技の系統性など ①/⑨ の知識を理解しよう

本時の目標

器械運動の特性や成り立ち、マット運動の技の系統性について理解することができるようにする。

評価のポイント

器械運動の特性や成り立ち、マット運動の技の系統をもとに、それらの知識を理解することができたか。

中心活動における指導のポイント

point　単元のはじめの導入の授業については、小学校での既習事項をもとに技の動画を見ながら知識の習得を図ることを目的に、座学による授業として設定した。

マット運動の技の系統性を知り、各技群における汎用的な知識を理解することで次の時間からの技の習得に向けて、知識と技能を関連させた指導ができるようにしたい。また、健康・安全に気を配ることができるよう、怪我の事例をもとに安全な取り組み方についても指導を行う。

本時の展開

	時	生徒の学習活動と指導上の留意点
オリエンテーション	10分	**あいさつ** ○単元の目標や見通しを知る。 ○本時の学習内容を知る。
器械運動の特性や成り立ちの理解	10分	**器械運動の特性や成り立ちを理解する** ○器械運動の構成や種目に応じて多くの技があること、技の出来映えを競うことを楽しむ運動であることを理解する。 ○オリンピック競技大会の体操競技として行われ、主要な競技として発展してきたことを理解する。
マット運動の系統性の理解	15分	**マット運動の系統性や各技群における行い方（汎用的な知識）について理解する** 1 ○マット運動には回転系と巧技系があり、接転技群、ほん転技群、平均立ち技群で構成されていることを理解する。 　→次ページ表参照。 ○技の動画を見て、接転技群、ほん転技群、平均立ち技群のそれぞれの汎用的な知識を理解する。 　→次の時間から、技の習得のための「具体的な知識」の理解につなげる。
安全なマット運動の行い方	10分	**マット運動の怪我の事例をもとに、安全な行い方を理解する** 2 ○マット運動の授業で実際に起こった怪我にはどのようなものがあるのかを理解する。 ○安全な技の行い方を理解する。
まとめ		**本時の学習について振り返る** ○動き方のポイントを整理する。 ○本時の授業で理解したことを学習カードに記入し、振り返りを行う。 ○次時の学習予定を知る。

8	心身の機能の発達
9	柔道
10	心の健康
11	マット運動
12	跳び箱運動
13	長距離走
14	ネット型バレーボール

1 マット運動の系統性や各技群における行い方（汎用的な知識）の理解

【マット運動の系統性と汎用的な知識との関連】

系	技群	グループ	汎用的な知識（何のために行うのか）
回転系	接転技群	前転	・体をマットに順々に接触させて回転するため
		後転	・回転力を高めるため
	ほん転技群	倒立回転・倒立回転跳び	・全身を支えたり突き放したりするため ・回転力を高めるため
		はねおき	・起き上がりやすくするため
巧技系	平均立ち技群	片足平均立ち	・バランスよく姿勢を保つため
		倒立	・バランスの崩れを復元させるため

　汎用的な知識とは、その運動を支える原理や原則、意義などの「何のために」行うのかという知識のことである。マット運動には多くの技があることから、本時では、技の動画を見せながら、各技群における「汎用的な知識」の理解を図り、次の時間からの技の習得のための「具体的な知識」の理解につなげられるようにする。

接転技群では、回転力を高めることが大切なんだね

接転技群では、体をマットに順々に接触させることが大切なんだね

2 マット運動の怪我の事例を踏まえた安全な行い方の理解

　過去にマット運動で起こった怪我やその部位、場面等を提示し、どのような場面でどのようなことに気を付けたらよいのかを理解できるようにし、次の授業から自分自身が安全にマット運動に取り組むことができるように「安全宣言」を仲間と共有することで、安全への意識を高めるようにしたい。

①怪我の部位

・打撲の部位では、背中や腰が多く、次いで頭、目、首などが挙げられている。

・骨折の部位では、腕や足、腰などが挙げられている。

②怪我が起きている技

・倒立前転が最も多く、跳び前転や前方倒立回転、補助倒立でも起きている。

③怪我が起きた場面

・倒立前転を補助者付きで行い、頭より先に背中から落ちて背中を強く打った。

・壁倒立でバランスが崩れ、両腕で身体を支えきれず倒れて首を捻挫した。

・跳び前転を行った際、着地するときに自分の膝が目に強く当たった。

過去にマット運動で起こった怪我

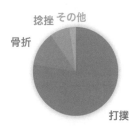

参考：日本スポーツ振興センター
「学校事故事例検索データベース」

④学習カードの記入例

次の時間からのマット運動の授業を安全に行うために、あなた自身のための「安全宣言」をしよう。
生徒の記入例：「決して無理をせず、自分の能力に合う技の練習をする。」

本時案

基本的な技や発展技を 習得しよう

2-5/9

本時の目標

基本的な技や発展技の行い方を理解し、技を習得することができるようにする。

評価のポイント

各技群の汎用的な知識と具体的な知識を関連させながら、技の習得に向けて取り組むことができたか。

中心活動における指導のポイント

point 「技のポイントの理解」では、各技群における汎用的な知識と具体的な知識（技の具体的なポイント）を関連させながら理解できるようにし、これらの知識を活用して技の習得に向けて取り組むことができるようにする。また、グループ活動では、仲間の補助をしたり仲間に助言したりして、自己の能力を高めたり仲間との連帯感を高めたりしながら取り組むことで、学びに向かう力、人間性等の育成を図ることができるようにする。

本時の展開

	時	生徒の学習活動と指導上の留意点
はじめ	5分	**集合・あいさつ** ○本時の学習のねらいを確認する。 ○本時の学習内容を知る。 ○マットなどの器具を設置する。
準備運動 動きづくり	10分	**本時の学習で使う部位をよくほぐす** ○足や足首、手や手首、首、肩などのストレッチ運動をする。 ○技につながるための動きづくりを行う。
前時の復習 （グループ活動）	10分	**前時に学習した技の練習をする** ○前時に習得した知識を意識しながら技の練習に取り組む。 ○学習した怪我の事例や「安全宣言」を参考に、グループで声をかけ合いながら安全に取り組む。
技のポイントの理解	8分	**各技群における行い方の具体的なポイント（具体的な知識）を理解する** **1** ○前時に学習した各技群における汎用的な知識をもとに、技の具体的なポイント（具体的な知識）を理解する。
技の練習 （グループ活動）	12分	**技の行い方の知識を生かしてグループで協力しながら技の練習に取り組む** ○学習した技の行い方の具体的なポイントを意識しながら練習に取り組む。 ○仲間同士で補助を行ったり助言したりして協力しながら取り組む **2**
まとめ	5分	**本時の学習について振り返る** ○整理運動。 ○本時の授業で理解したことを学習カードに記入し、振り返りを行う。 ○次時の学習予定を知る。

8 心身の機能の発達

9 柔道

10 心の健康

11 マット運動

12 跳び箱運動

13 長距離走

14 ネット型バレーボール

1 各技群における汎用的な知識と具体的な知識の関連を図った理解

知識と技能の関連を図った指導を行うため、前時で学習した「何のために」行うのかといった汎用的な知識をもとに、体の動かし方である「どのように」行うのかといった具体的な知識を理解することで、「分かる」と「できる」を関連させた「知識及び技能」の習得を目指す。

【マット運動の各技群における汎用的な知識と具体的な知識との関連】

系	技群	汎用的な知識 （何のために行うのか）　←→　具体的な知識 （どのように行うのか）	
回転系	接転技群	・体をマットに順々に接触させて回転するため ・回転力を高めるため	・あごを引いて回転する ・腰の位置を高くして回転する ・技の「はじめ」に勢いを付けて回転する、など
	ほん転技群	・全身を支えたり突き放したりするため ・回転力を高めるため ・起き上がりやすくするため	・両手の間隔をとり、肘を伸ばす ・足で大きな弧を描くように回転する ・手と足の間隔を近付ける、など
巧技系	平均立ち技群	・バランスよく姿勢を保つため ・バランスの崩れを復元させるため	・目標物を定めて一点を見つめる ・体幹を意識する、など

【技の行い方の知識の確認（学習カード記入例）】

学習カード⬇

ほん転技群の技における①〜③の具体的なポイントについて、技の動き方に合わせて書きこもう。（知識）

①全身を支えたり突き放したりするための具体的なポイント（知識）
②回転力を高めるための具体的なポイント
③起き上がりやすくするための具体的なポイント

■**倒立ブリッジ**　　　　　　　　　　　　■**頭はねおき**

②足で大きな弧を描くように回転する

①両手の間隔をとり、肘を伸ばす　　　　③手と足の間隔を近付ける

2 仲間の学習を援助しようとする態度に関する知識の指導

学びに向かう力、人間性等の協力に関する事項における「仲間の学習を援助しようとすること」について、何のために仲間の学習を援助するのかといった汎用的な知識と、どのように仲間の学習を援助するのかといった具体的な知識を関連させて指導を行い、仲間との練習場面等で実践できるようにする。

【仲間の学習を援助しようとする態度の指導（学習カードの記入例）】

学習カード⬇

■仲間の学習を援助するのは何のためなのか、また、どのようにすればよいのか考えてみよう。

どのように 仲間の学習を 援助すれば よいのだろうか？	・仲間の補助をする。 ・仲間に助言する。
	仲間の学習を援助する
何のために 仲間の学習を 援助するのだろうか？	・自己の能力を高めるため。 ・仲間との連帯感を高めて気持ちよく活動するため。

本時案

技の出来映えや課題を 仲間に伝えよう

中心活動における指導のポイント

point 発表会に向け、自己が選んだ技の課題解決を図るため、授業のはじめに行っている「動きづくり」を実際の練習方法として選択できるように提示する。また、課題別学習の場の設定の工夫として、技ごとのグループに分けるのではなく、「汎用的な知識」によって分けたグループで練習を行うことで、自己や仲間の技の出来映えや課題について、お互いが技を見合う視点が整理され、仲間に分かりやすく伝えることにつながる。

本時の目標

自己や仲間の技の出来映えや課題について、仲間に伝えることができるようにする。

評価のポイント

これまで習得した知識や技能を生かして、仲間に分かりやすく伝えることができたか。

本時の展開

	時	生徒の学習活動と指導上の留意点
はじめ	5分	**集合・あいさつ** ○本時の学習のねらいを確認する。 ○本時の学習内容を知る。 ○安全マットなどの器具を設置する。
準備運動 動きづくり	10分	**本時の学習で使う部位をよくほぐす** ○足や足首、手や手首、首、肩などのストレッチ運動をする。 ○技につながるための動きづくりを行う。
練習方法の 選択	5分	**課題別学習に向けた練習方法を選択する** ◀**1** ○自己が選んだ技の課題を解決するために、「動きづくり」の中から練習方法を選択する。
課題別学習	15分	**自己の課題解決を図るため、「汎用的な知識」によって分けられた練習場所に分かれて取り組む** ◀**2** ○練習場所に集まった仲間で、技の出来映えや課題を伝え合いながら課題の解決を目指す。 ○練習場所に集まった仲間で、提示された役割を分担する。 ○仲間の演技を認めたり声をかけ合ったりして協力しながら取り組む。
発表会に 向けた練習	10分	**「はじめ―なか―おわり」に組み合わせた技の練習を行う** ○発表会に向けて、自己の技能・能力に適した技を組み合わせ、一連の動きを滑らかにして技がよりよくできるように練習する。
まとめ	5分	**本時の学習について振り返る** ○整理運動。 ○自己の技能・能力に適した技を選択する（選んだ技の見直し）。 ○本時の授業で理解したことを学習カードに記入し、振り返りを行う。 ○次時の学習予定を知る。

8　心身の機能の発達

9　柔道

10　心の健康

11　マット運動

12　跳び箱運動

13　長距離走

14　ネット型バレーボール

1 自己の課題に応じた練習方法の選択

　自己が選んだ技の課題を踏まえた練習方法を選択することができるように、毎時間の前半に実施した「動きづくり」等を練習方法として提示する。

【練習方法の提示資料（例）】

技群	練習方法
接転技群	・ゆりかご ・背支持倒立からの立ち上がり ・下り坂で回転 ・クマの姿勢からの回転 ・壁登り逆立ちから前転、など
ほん転技群	・カエルの足打ち ・横転がり ・川跳び ・腕立て横跳び越し ・補助倒立からブリッジ ・（倒立）ブリッジからの起き上がり ・前転ブリッジ、など
平均立ち技群	・壁登り逆立ち ・壁倒立 ・補助倒立 ・ライン上でのバランス ・バランス崩し、など

【学習カード（例）】　学習カード⬇

```
①　　　　月　　　　日
（　　　　　　　　　）技群
練習方法_____
その練習方法を選んだ理由

------------------------

------------------------
```

2 課題別学習の場の設定の工夫

　発表会に向け、自己が選んだ技の課題解決を図るため、先に選択した練習方法で課題別学習を行う。下図のような場を設定することで、以下のような利点が考えられ、これまで習得した知識や技能を生かして、仲間に分かりやすく伝えられるようにすることを目指す。

利点：同じ場の仲間が行う技は違っていても、課題が同じであるため、仲間の技を見るポイントが分かりやすく、仲間の出来映えや課題を伝えやすい。

【課題別学習の場の設定】

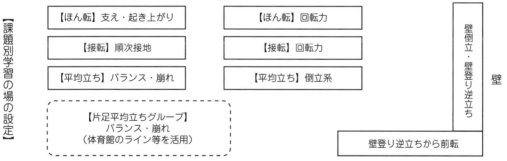

　技の出来映えや課題を仲間に伝える場面では、学習カードや付箋紙等を用いて伝える方法があるが、タブレット端末等におけるホワイトボード付箋機能を活用し、毎時間の仲間からの助言等を一枚のシートに収集して情報を整理する方法も考えられる。

3 発表会（まとめ・第9時）

　課題別学習の後、元のグループに戻り、自己が選んだ技の組み合わせ練習を行う。
　最終の第9時に「発表会」として、これまでの成果をグループで発表し合う。

12 跳び箱運動

7 時間

単元の目標

(1)技ができる楽しさや喜びを味わい、器械運動の特性や成り立ち、技の名称や行い方、その運動に関連して高まる体力などを理解するとともに、技をよりよく行うことができるようにする。

　エ　跳び箱運動では、切り返し系や回転系の基本的な技を滑らかに行うこと、条件を変えた技や発展

単元計画（指導と評価の計画）

1・2時（導入）	3・4時（展開①）
安全上の留意点を理解し、跳び箱運動の基本的な動きの確認と基本技の動き方のポイントを理解する。	違いのある仲間と楽しく活動する方法を理解し、グループの仲間が楽しむことができるように取り組む。
1・2　基本的な体の使い方を身に付けて、技の動き方のポイントを理解しよう POINT：活動上での安全面を確認し、踏み切り・着手・突き放し・着地に着目し、動き方のポイントを見付ける。 [主な学習活動] ○集合・あいさつ ○単元を通した学習のねらいの確認 ○準備運動・動きづくり ○安全上の留意点の確認 ○切り返し系・回転系の技のポイントの確認 ○整理運動 ○学習の振り返り	**3・4　仲間とともに楽しく活動するために自分自身ができることを考えよう** POINT：様々な違いがある仲間と活動することは、視野を広げ、楽しさを共有できたり、達成感を味わったりすることにつながることに気付く。 [主な学習活動] ○集合・あいさつ ○本時の学習のねらいの確認 ○準備運動・動きづくり ○違いの確認と楽しさの追求 ○技の練習 ○整理運動 ○学習の振り返り
[評価計画]　知①　思②	[評価計画]　思③　態②

単元の評価規準

知識・技能	
○知識 ①技の行い方は、技の課題を解決するための合理的な動き方のポイントがあることについて、学習した具体例を挙げている。 ②器械運動は、それぞれの種目や系などにより主として高まる要素が異なることについて、学習した具体例を挙げている。	○技能 ①切り返し跳びグループでは、踏み切りから上体を前方に振り込みながら着手する動き方、突き放しによって直立体勢に戻して着地するための動き方で、基本的な技の一連の動きを滑らかにして跳び越すこと、学習した基本的な技を発展させて、一連の動きで飛び越すことのいずれかができる。 ②回転跳びグループでは、着手後も前方に回転するための勢いを生み出す踏み切りの動き方、突き放しによって空中に飛び出して着地するための動き方で、基本的な技の一連の動きを滑らかにして跳び越すこと、学習した基本的な技を発展させて一連の動きで飛び越すことのいずれかができる。

技を行うことができるようにする。 【知識及び技能】

(2)技などの自己の課題を発見し、合理的な解決に向けて運動の取り組み方を工夫するとともに、自己の考えたことを他者に伝えることができるようにする。 【**思考力、判断力、表現力等**】

(3)器械運動に積極的に取り組むとともに、（よい演技を認めようとすること）、（仲間の学習を援助しようとすること）、一人一人の違いに応じた課題や挑戦を認めようとすること（など）や、健康・安全に気を配ることができるようにする。 【**学びに向かう力、人間性等**】

5・6時（展開②）	7時（まとめ）
今までに学んだ動き方のポイントをもとに、グループの仲間のよいところや改善点を伝える。	器械運動を通して高まる体力を理解するとともに、自分に合った向き・段数で発表会に取り組む。
5・6　仲間のよいところ・改善点を見付けて、伝えよう POINT：学んできた知識をもとに、汎用的な知識と具体的な知識を結び付けられるように、発問を行う。 **[主な学習活動]** ○集合・あいさつ・前時の振り返り ○本時の学習の流れの確認 ○準備運動・動きづくり ○自己に合った向き・段数での練習 ○仲間のよいところ・改善点を見付けて伝える ○整理運動 ○学習の振り返り	**7　器械運動を通して高まる体力を理解し、これまでの練習の成果を発表しよう** POINT：器械運動（マット運動・跳び箱運動）を通して高まる体力について、体つくり運動と関連させて理解できるようにする。 **[主な学習活動]** ○集合・あいさつ ○本時の学習の流れの確認 ○準備運動・動きづくり ○高まる体力の理解 ○発表会に向けた技の練習 ○発表会（ペアグループで相手グループを変えながら行う） ○整理運動 ○学習の振り返り
[評価計画] 技①② 思① 態①③	**[評価計画]** 知② 総括的な評価

思考・判断・表現	主体的に学習に取り組む態度
①提示された動きのポイントやつまずきの事例を参考に、仲間の課題や出来映えを伝えている。 ②学習した安全上の留意点を、他の学習場面に当てはめ、仲間に伝えている。 ③体力や技能の程度、性別等の違いを踏まえて、仲間とともに楽しむための練習や発表を行う方法を見付け、仲間に伝えている。	①器械運動の学習に積極的に取り組もうとしている。 ②一人一人の違いに応じた課題や挑戦を認めようとしている。 ③健康・安全に留意している。

8 心身の機能の発達
9 柔道
10 心の健康
11 マット運動
12 跳び箱運動
13 長距離走
14 ネット型バレーボール

本時案

基本的な体の使い方を身に付けて、技の動き方のポイントを理解しよう

1-2／7

本時の目標

安全上の留意点を理解し、跳び箱運動の基本的な動きと基本技の動き方のポイントを理解することができるようにする。

評価のポイント

踏み切り・着手・突き放し・着地における動き方のポイントを理解しているか。

中心活動における指導のポイント

point 本時では、技の動き方のポイントを見付ける活動を中心としている。その中で、技のグループにはその運動を支える原理や原則、意義などの「何のためにその動きがあるのか（汎用的な知識）」を理解することが必要である。そして、実際に跳び箱運動を行い、自己や仲間の動きと見本となる動画等を比較しながら動き方のポイント（具体的な知識）を見付けることができるようにする。

本時の展開

	時	生徒の学習活動と指導上の留意点
はじめ	5分	**集合・あいさつ** ○単元を通した学習の流れ、本時の学習内容を知る。 ○前時の振り返りを行う（第2時）。
準備運動	5分	**本時の学習で使う部位をよくほぐす** ○普段使わない部位を念入りにストレッチする。
安全上の留意点	5分	**準備や片付け、活動中に起こる事故や怪我について理解する** ◀**1** ○どのような行動が事故や怪我につながり、どうすれば事故や怪我を防ぐことができるのかを理解する。
動きづくり	5分	**技の動きにつながる運動に取り組む** ◀**2** ○何のためにその運動をしているのかを意識しながら取り組む。
技の練習	25分	**踏み切り・着手・突き放し・着地について動き方のポイントを見付ける** ◀**3** ○切り返し系（第1時）、回転系（第2時） →グループで技の動き方を確認したり、見本となる動画等を確認したりしながら動き方のポイントを見付ける。 〈切り返し系・切り返し跳びグループ〉 基本的な技：開脚跳び・かかえこみ跳び 発展技：開脚伸身跳び・屈身跳び 〈回転系・回転跳びグループ〉 基本的な技：頭はね跳び 発展技：前方屈腕倒立回転跳び・前方倒立回転跳び
まとめ	5分	**本時の学習について振り返る** ○整理運動。 ○動き方のポイントを整理する。 ○次時の学習予定を知る。

8 心身の機能の発達

9 柔道

10 心の健康

11 マット運動

12 跳び箱運動

13 長距離走

14 ネット型バレーボール

1 安全上の留意点について

　体調の変化・準備・片付け・活動の中でどのような場面に危険があるのかを確認し、注意を怠った際にはどのような事故や怪我につながるのかを確認しておく。また、実際に事故や怪我を防ぐために、どのような危険予測をして行動につなげようとしたのかを考えることができるようにして（右図学習カード）、思考力、判断力、表現力等の指導と評価を行い、それらの危険な場面や留意点を理解した上で、第5・6時に事故や怪我を防ぐための取組等を観察して学びに向かう力、人間性等に関する評価を行うようにする。なお、事故防止の観点から、切り返し系の技と回転系の技は別の時間に行ったり、行う順序を考慮することが重要である。

学習カード ⬇

2 技の動きにつながる「動きづくり」

踏切板ジャンプ

うさぎジャンプ

支持またぎ乗り下り

支持跳び乗り下り

3 動き方のポイントを見付ける

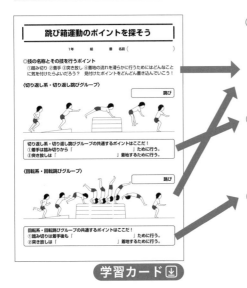

学習カード ⬇

○滑らかに跳び越すことができるように、踏み切り・着手・突き放し・着地の行い方について、自己の動きとグループの仲間の動きとを比較したり、見本となる動画等を見たりして動き方のポイントを見付ける。
（具体的な知識）

○切り返し系・切り返し跳びグループの着手は踏み切りから上体を前方に振り込むため、突き放しは直立体勢に戻して着地するために行うことを理解できるようにする。
（汎用的な知識）

○回転系・回転跳びグループの踏み切りは着手後も前方に回転するための勢いを生み出すため、突き放しは空中に飛び出して着地するために行うことを理解できるようにする。
（汎用的な知識）

本時案

仲間とともに楽しく活動するために自分自身ができることを考えよう

3-4/7

本時の目標

違いのある仲間と楽しく活動する方法を理解し、様々な違いを超えてグループの仲間と跳び箱運動を楽しむことができるようにする。

評価のポイント

仲間と楽しく活動するためにはどのようなことが大切なのかを理解して、それらを取組につなげているか。

中心活動における指導のポイント

point 「学びに向かう力、人間性等」は、授業の過程で自然と身に付くものではなく、指導したことを理解した上で、行動していくことが大切となる。

本時では、授業を行う中での仲間との様々な違いを共有し、違いのある仲間と楽しく活動するためにはどのようなことが大切なのかを考えられるようにして実践につなげていくことができるようにする。

本時の展開

	時	生徒の学習活動と指導上の留意点
はじめ	3分	**集合・あいさつ** ○前時の振り返り、本時の学習内容を知る。
準備運動 動きづくり	7分	**本時の学習で使う部位をよくほぐす** ○普段使わない部位を念入りにストレッチする。 **技の動きにつながる運動に取り組む** ○何のためにその運動をしているのかを意識しながら取り組む。
仲間への 援助	5分	**仲間と楽しく活動をするための方法を理解する** 1 ○どの場面でどんな行動ができるのかを交流する。 ○どうしたらお互いに楽しい活動となるのかを考える。
技の練習	25分	**同じグループの仲間との関わりを大切にし、自己に合った跳び箱の向き・段数を見付けながら練習を行う** 2 ○跳び箱の向き・段数が違った仲間と、準備や技の習得、片付け等の活動の中で、楽しく、気持ちのよい活動にするために自分自身ができることについて考えながら行動する。
まとめ	10分	**本時の学習について振り返る** ○整理運動。 ○どんなことを意識して仲間と関わったのかを交流する。 ○仲間との関わりの中で、グループの活動がどのように変化したかを交流する。 ○次時の学習予定を知る。

8 心身の機能の発達

9 柔道

10 心の健康

11 マット運動

12 跳び箱運動

13 長距離走

14 ネット型 バレーボール

1 学びに向かう力、人間性等と思考力、判断力、表現力等の関連を図った指導

　自分自身と仲間との違いには、体力や技能の程度、性別、障害の有無等がある。その他、体格や得意・不得意、目標等も違いとして意見が出ることが考えられる。

　一人一人にこれらの違いがあることを理解した上で、個々の体力や技能等の違いに応じた技や技の出来映えに挑戦することを認めようとする態度の育成を図ることが大切である。

この学習カードは、学習した学びに向かう力、人間性等の「共生」に関する事項に係る知識と、実際に自己が考えた行動がどのような結果に結び付いていくのかを理解できるようにするものである。自らが考えながら行動することで、楽しさが増し、達成感につながる活動になっていくことを理解できるようにすることが大切である。

〈学習カード記述評価案〉
A：学習した知識をもとに、仲間とともに活動することで楽しさを増し、達成感につながった自分の行動を具体的に書いている。
B：学習した知識をもとに、自分の行動を具体的に書いている。
C：違いを理解する行動が書けていない。

仲間と楽しく活動する上で大切なことを考えよう

1年　　組　　番　名前（　　　　　　）

体育の授業を行う上で自分と仲間との違いは何だろう？

楽しく活動するために…

どんなことを意識して活動する？　　その結果グループはどうなった？

どんなことを意識して活動する？　　その結果グループはどうなった？

あなたは、仲間と練習を行う場面でどのような関わりが楽しさにつながりましたか？
あなたがグループの仲間に行ったことを振り返り、具体的に書きましょう。（思考・判断・表現）

学習カード ⊡

　行動の振り返りを行うことにより、仲間と活動する上でどのように関わることが大切なのかを考えていく。

2 活動内で見取る学びに向かう力、人間性等（主体的に学習に取り組む態度）の評価

　学びに向かう力、人間性等は、授業の過程で自然と身に付くものではなく、指導したことを理解した上で行動していくことが大切となる。そこで 1 の過程を踏まえ、指導後から授業の経過とともに態度がどのように変化したのかを見取っていく必要がある。

　評価に当たっては、単元で学習する学びに向かう力、人間性等に係る知識を理解した上で、仲間とともに楽しい活動にするためにはどのように取り組んでいくことが必要なのかということを考えて活動しているかを見取ることが重要であり、単に声が大きかったり、行動が目立ったりすることに注目することがないように配慮する。

■学びに向かう力、人間性等（「共生」に関する事項）の評価に関する生徒の具体的な姿

姿（例）	行動（例）
A.違いのある仲間の意見や行動に対して、肯定的な言葉かけや態度をとっている。	・いつもアドバイスを行う。 ・頑張っていることをほめたり、ねぎらったりするなどの声かけをする。
B.仲間に対して否定しない態度をとっている。	・拍手をする。　・話を聞いてうなずく。
C.仲間の取り組む姿を否定したり、意欲を低下させる言動や態度をとっている。	

本時案

仲間のよいところ・改善点を 見付けて、伝えよう

本時の目標

これまで学習した動き方のポイントをもとに、グループの仲間のよいところや改善点を伝えることができるようにする。

評価のポイント

学習した知識をもとに、汎用的な知識と具体的な知識を結び付けて仲間に伝えることができているか。

中心活動における指導のポイント

point　グループの仲間のよいところ・改善点を伝える活動の中で、具体的な知識や汎用的な知識のみを伝えている生徒には、「なぜそのポイントが必要なのか」「どのようにしたらその動きができるのか」というような汎用的な知識と具体的な知識が結び付くような発問や声かけを行う。

よいところ・改善点を見付けることが難しい生徒には、見本となる動画等とこれまで学習した知識（学習カード）を確認するようにし、何ができているのか、見本とどこが違うのか等を考えられるようにする。

本時の展開

	時	生徒の学習活動と指導上の留意点
はじめ	3分	**集合・あいさつ・前時の振り返り** ○前時を振り返り、本時の学習内容を知る。
準備運動 動きづくり	7分	**本時の学習で使う部位をよくほぐす** ○普段使わない部位を念入りにストレッチする。 **技の動きにつながる運動に取り組む** ○何のためにその運動をしているのかを意識しながら取り組む。
技の練習	33分	**今まで練習した技における跳び箱の向き・段数が自分に合っているかを確認し、滑らかに行うことができるよう練習を行う** (1)今までに練習した跳び箱の段・向きが合っているかどうか、改善点はどこかを考えて取り組む。　**1** ○跳び箱の向きや段数を見直す。 (2)自分に適した跳び箱の段数・向きで滑らかに技を行えるように練習を行う。 ○助走・踏み切り・着手・突き放し・着地の流れが途切れないように技を行う。 ↓ **同じグループの仲間のよいところ・改善点を伝える**　**2** ○ ICT機器を使って仲間の技の動画を撮る。 ○動画を見ながら、今まで学習した合理的な動き方のポイントをもとに、よいところや改善点をグループの仲間に伝える。 ○相手に伝えたことを学習カードに記入する。
まとめ	7分	**本時の学習について振り返る** ○整理運動。 ○本時の授業で仲間から伝えてもらったよいところ・改善点を振り返り、次の授業に生かす。 ○次時の学習予定を知る。

8 心身の機能の発達

9 柔道

10 心の健康

11 マット運動

12 跳び箱運動

13 長距離走

14 ネット型 バレーボール

1 自己に適した跳び箱の向き・段数を選択し、練習を行う

　自己に適した跳び箱の向き・段数とは、今まで学習した動き方のポイントが実現できる向きと段数のことであることを理解できるようにする。技能は、自己に適した跳び箱の向きと段数での技の出来映えを評価するため、生徒には、高い段数を選んで跳ぶことだけを目標にすることがないよう指導することが重要である。

○グループ分け

　同じ跳び箱の向きや段数の場の中で3～4人グループになり、ICT機器等を活用してお互いの技の出来映えや課題点を見付け、伝え合うようにする。

　さらに、様々な視点での指摘場面を設定する場合は、跳び箱の段数や向きでの限定グループではなく、学級における生活班やあらかじめ教師が決めたグループで活動するなど、技能の差異がある仲間で構成したグループで活動することも考えられる。

○場の設定例

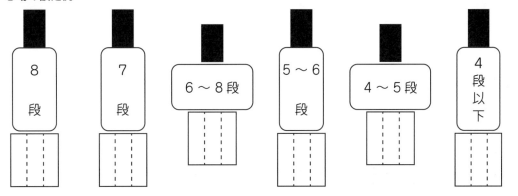

2 学習カード案及び評価案

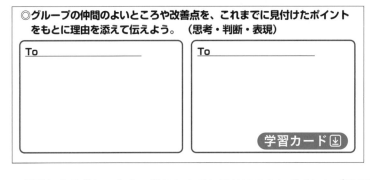

◎グループの仲間のよいところや改善点を、これまでに見付けたポイントをもとに理由を添えて伝えよう。　（思考・判断・表現）

To

To

学習カード

A：汎用的な知識と具体的な知識を結び付けて書けている。
（例）：手を着く位置が近くて跳び越せていないから、もう少し手を遠くに着いて、着き放しを意識すると勢いよく体が前に出ると思う。
B：汎用的な知識か具体的な知識のみが書けている。
（例）：もう少し手を遠くに着いたほうがいい。
C：どちらも含まれていない。

　活動に入る前に、もう一度これまでに見付けてきたポイント（汎用的な知識・具体的な知識）を全体で確認し、共有しておく。伝え合うときに、具体的な知識や汎用的な知識のどちらかのみを伝えている生徒には、「なぜそのポイントが必要なのか」「どのようにしたらその動きができるのか」と、汎用的な知識と具体的な知識が結び付くような発問や声かけを行うようにする。

　よいところ・改善点を見付けることが難しい生徒には、見本となる動画等とこれまで学習した知識（学習カード）を確認させ、習得できていることや見本との違いなどを考えられるようにする。

本時案

器械運動を通して高まる体力を理解し、これまでの練習の成果を発表しよう

7/7

本時の目標

16時間の器械運動を通して高まる体力を理解するとともに、自己に合った跳び箱の高さ等でこれまでの成果を発表することができるようにする。

評価のポイント

器械運動（マット運動・跳び箱運動）の単元を通して高まる体力について、既習の単元である体つくり運動と関連させて理解しているか。

中心活動における指導のポイント

point　本時は、これまでの練習の成果を発表する場面であるが、緊張や恥ずかしさから成果を発揮できない生徒に配慮し、全員が1人を見るという形ではなく、ペアグループを作り、そのペアで相手のペアグループに技を披露するという形にしている。切り返し跳びグループ、回転跳びグループから1つずつ技を選び、相手のペアグループを何度か変えていき、1人が複数回技を披露する場面を作るようにする。

本時の展開

	時	生徒の学習活動と指導上の留意点
はじめ	3分	**集合・あいさつ** ○前時の振り返り、本時の学習内容を知る。 ○発表会の行い方について丁寧に説明する。
準備運動 動きづくり	7分	**本時の学習で使う部位をよくほぐす** ○普段使わない部位を念入りにストレッチする。 **技の動きにつながる運動に取り組む** ○何のためにその活動をしているのかを意識しながら取り組む。
高まる 体力の理解	5分	**器械運動16時間で高まる体力について理解する**　**1** ○高まる体力が、既習の単元である体つくり運動とどのような関連があるかを理解する。 →マット運動や跳び箱運動のどの動きが、どのような体力を高めることにつながっているか考えられるようにする。
技の練習	10分	**発表会で行う跳び箱の高さ等で技の練習を行う** ○切り返し系、回転系から1つずつ自己に適した技を選ぶ。
発表会	15分	**ペアグループで相手グループを変えながら、お互いに発表の技を見合う**　**2** ○ペアグループをつくり、技を披露する。
まとめ	10分	**本時の学習について振り返る** ○整理運動。 ○本時の発表会について交流を行う。 →仲間の取組に対して、頑張っていたことやよかったことなどについて、グループで共有できるようにする。 ○単元を通した振り返りを行う。

8

心身の機能の発達

9

柔道

10

心の健康

11

マット運動

12

跳び箱運動

13

長距離走

14

ネット型
バレーボール

1 「器械運動で高まる体力」における知識の指導

　器械運動16時間の中では、運動を継続することによって「筋力」「柔軟性」「平衡性」の体力が身に付く。そのことを理解した上で、マット運動と跳び箱運動のどの動きがそれらの体力を高めることにつながったのかに気付くようにすることが大切である。

　また、既習の単元である体つくり運動の「体の動きを高める運動」と関連させておくことで、第3学年における選択した技に必要な補助運動等を選ぶための学習につながる。

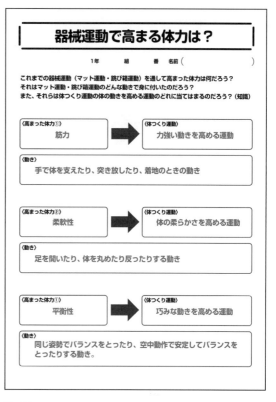

器械運動で高まる体力は？

1年　　組　　番　名前（　　　　　　　　　）

これまでの器械運動（マット運動・跳び箱運動）を通して高まった体力は何だろう？
それはマット運動・跳び箱運動のどんな動きで身に付いたのだろう？
また、それらは体つくり運動の体の動きを高める運動のどれに当てはまるのだろう？（知識）

〈高まった体力①〉
筋力
→
〈体つくり運動〉
力強い動きを高める運動

〈動き〉
手で体を支えたり、突き放したり、着地のときの動き

〈高まった体力②〉
柔軟性
→
〈体つくり運動〉
体の柔らかさを高める運動

〈動き〉
足を開いたり、体を丸めたり反ったりする動き

〈高まった体力①〉
平衡性
→
〈体つくり運動〉
巧みな動きを高める運動

〈動き〉
同じ姿勢でバランスをとったり、空中動作で安定してバランスをとったりする動き。

学習カード ⊥

2 ペアグループでの発表会を行う

　本時は発表する場面であるが、全員が1人を見るという形ではなく、ペアグループを作り、そのペアで相手のペアグループに技を発表するという形で行う。そうすることで、運動の苦手な生徒や支援を要する生徒、緊張や恥ずかしさから成果を発揮できない生徒等に配慮することにつながり、誰もが安心して練習した成果を発揮できる環境となる。

　また、切り返し跳びグループ、回転跳びグループから1つずつ技を選び、相手のペアグループを何度か変えていき、1人が複数回技を発表する場面をつくることで、失敗を恐れず、何度も挑戦する気持ちを養うことにつながる。

発表の場の設定は、前時までの自分の跳び箱の向き・段数を見付ける活動と同じで、その中でペアをつくり、他のペアに発表をしていく。
また、ただ見ているだけの活動ではなく、相手ペアのよかったところや努力していることなどを学習カードに記入し伝えることで、より活発な活動につながる。

今日の発表会での相手グループの成果を書き留めておこう。

A さん	助走→踏み切り→着手→着地の流れがとてもスムーズだった。
B さん	最初は跳べなかったけど、練習をたくさんして自分に合った跳び箱で跳べていたので、よかった。
C さん	周りの状況を確認して、安全に発表会に臨んでいるところがよかった。

学習カード ⊥

13 長距離走

(6 時間)

単元の目標

(1)次の運動について、記録の向上や競争の楽しさや喜びを味わい、陸上競技の特性（や成り立ち）、技術の名称や行い方、（その運動に関連して高まる体力）（など）を理解するとともに、基本的な動きや効率のよい動きを身に付けることができるようにする。

単元計画（指導と評価の計画）

1 時（導入）	2・3 時（展開①）
学習のテーマや単元の学習内容を知り、学習全体の見通しをもつ。	リラックスしたフォームで走るための技術やポイントを理解し、無理のない走り方を身に付ける。

1　学習テーマや進め方を理解し、見通しをもとう

POINT：体つくり運動や保健の学習を振り返りながら、学習テーマや長距離走の特性・効果などを理解し、これからの学習の見通しをもつ。

[主な学習活動]
○集合・あいさつ
○学習テーマや単元の目標、学習の流れの確認：テーマ「楽に楽しく走る」
○体つくり運動や保健の身体機能の発達で学習した内容をもとに、持久走の効果を確認する
○長距離走の特性には、「記録の挑戦」と「相手との競争」があること、1 年生では主に時間走を中心に、達成型の特性にふれる学習を重点とすること、時間走及び距離走の学習内容を理解する
○3 人組の編制、学習カードの確認
○自分の能力に応じた時間走を選択して取り組む（3 分間または 6 分間走）
○整理運動・学習の振り返り

2・3　リラックスしたフォームを身に付けて走ろう

POINT：楽しく走ることの大切さやそのための技術・ポイントを理解するとともに、基本的な技能を身に付ける。

[主な学習活動（2 時）]
○集合・あいさつ
○本時の学習のめあて等の確認・準備運動
○腕振りの行い方やポイントを知る
○歩〜急歩〜走でフォームの練習に取り組む
　スピードや距離を変えながら、フォームの練習に取り組む。腕の振りに関する提示資料や ICT を効果的に活用し、自分や仲間のフォームについて気付いたことを伝え合う。
○学習の振り返り

[主な学習活動（3 時）]
○集合・あいさつ
○本時の学習のめあてや前時の課題の確認
○準備運動
○3 分間走に取り組む
　3 人組で互いの課題を伝え合い、観察の視点を確認する。仲間の課題や出来映えを伝え合う。
○目標記録を設定し、6 分間走に取り組む
　仲間の課題や出来映えを伝え合う。
○整理運動・学習の振り返り

[評価計画] 知①	[評価計画] 知② 技①	[評価計画] 思① 態①

単元の評価規準

知識・技能	
○知識 ①陸上競技は、自己の記録に挑戦したり、競争したりする楽しさや喜びを味わうことができることについて、言ったり、書き出したりしている。 ②陸上競技の各種目において用いられる技術の名称があり、それぞれの技術で動きのポイントがあることについて、学習した具体例を挙げている。	○技能 ①腕に余分な力を入れないで、リラックスして走ることができる。 ②自己に合ったピッチとストライドで、上下動の少ない動きで走ることができる。

ア　長距離走では、ペースを守って走ることができるようにする。 **知識及び技能**

(2)動きなどの自己の課題を発見し、合理的な解決に向けて運動の取り組み方を工夫するとともに、自己の考えたことを他者に伝えることができるようにする。 **思考力、判断力、表現力等**

(3)陸上競技に積極的に取り組むとともに、（勝敗などを認め、ルールやマナーを守ろうとすること）、分担した役割を果たそうとすること、（一人一人の違いに応じた課題や挑戦を認めようとすること）（などや）（健康・安全に気を配ること）ができるようにする。 **学びに向かう力、人間性等**

4・5時（展開②）	6時（まとめ）
自分に合ったピッチとストライドにより、効率のよい走り方でスピードを維持するための課題を見付け、練習に取り組む。	3000m（1000m×3人）申告レースを行い、単元の学習のまとめをする。
4・5　自分に合ったピッチとストライドで、スピードを維持して走ろう POINT：自分に合ったピッチとストライドで、スピードを維持して走るために、自己の課題に応じた練習方法を選ぶ。 **[主な学習活動（4時）]** ○集合・あいさつ ○本時の学習のめあて等の確認・準備運動 ○ピッチ走法とストライド走法を知る ○自分に合ったピッチとストライドを見付ける練習に取り組む 　　上下動の少ないフォームで、自分に合ったピッチとストライドを見付ける。 ○身に付けたピッチとストライドでスピードを維持した走りに挑戦する（3分間走または6分間走） ○整理運動・学習の振り返り **[主な学習活動（5時）]** ○集合・あいさつ ○本時の課題の設定・確認や前時の学習を振り返りながら、自己の課題を設定する ○自己の課題に応じた練習方法を選び、取り組む 　・インターバル走／ペース走 　・練習での仲間の課題や出来映えを伝え合う ○整理運動・学習の振り返り	**6　目標タイムに向かって、身に付けたフォームで長距離走を楽しもう** POINT：これまでの学習を生かし、目標達成に向かい、仲間と協力しながら競争する楽しさを味わう。 **[主な学習活動]** ○集合・あいさつ ○本時の学習のめあて等の確認 　　これまでの学習で学んだ技術やポイントを振り返り、本時のめあてを知る。 ○3000m申告レースの行い方を知る ○3000m申告レースの準備をする 　・走る順番（組）を決める。 　・3人組の目標タイムを設定する。 ○3000m申告レースを行う ○整理運動 ○単元の学習の振り返り 　　自分に合った効率のよい走り方を身に付けて「楽に楽しく走ること」ができたかを振り返る。
[評価計画] 知② 技② ｜ **[評価計画]** 思② 態②	**[評価計画]** 総括的な評価

思考・判断・表現	主体的に学習に取り組む態度
①提示された動きのポイントやつまずきの事例を参考に、自己や仲間の課題を見付け、課題や出来映えを伝えている。 ②提供された練習方法から、自己の課題に応じて、動きの習得に適した練習方法を選んでいる。	①陸上競技の学習に積極的に取り組もうとしている。 ②用具等の準備や後片付け、記録などの分担した役割を果たそうとしている。

8 心身の機能の発達

9 柔道

10 心の健康

11 マット運動

12 跳び箱運動

13 長距離走

14 ネット型バレーボール

本時案

学習テーマや進め方を理解し、見通しをもとう ①/⑥

本時の目標

学習テーマや内容に関心をもち、長距離走の特性などを理解するとともに、これからの学習に積極的に取り組むことができるようにする。

評価のポイント

既習の学習を振り返りながら長距離走の特性や効果を知り、時間走に進んで取り組むことができたか。

point 「自分に合った走り方で気持ちよく走ること」をテーマに長距離走の特性にふれる楽しさ、体つくり運動や保健の学習と関連付けた長距離走の効果を理解できるようにすることで、長距離走に対する抵抗感を和らげ、学習意欲を高める。

また、時間走では、個人の走力差が生徒間で見えにくくなるよう、スタート・ゴールを別々にしたり、自分の力に応じた時間走を選択できるようにしたりするなどの工夫により、生徒の「やってみたい」という気持ちを引き出すようにする。

本時の展開

	時	生徒の学習活動と指導上の留意点
はじめ	5分	**集合・あいさつ** ○学習テーマや単元の目標、学習の流れを確認する。 　テーマ：「楽（ラク）に楽しく走る」
準備運動	2分	**本時の学習で使う身体の部位を十分に伸長する** ○足首、腕や肩、首などのストレッチング。
長距離走	35分	**長距離走の特性や効果を理解する** 1 ○体つくり運動や保健の身体機能の発達で学習した内容を振り返り、持久走のねらいや効果を確認する。 ○長距離走の特性には、「記録の達成」と「相手との競争があること」を理解しつつ、１年生では競争なしで達成型の時間走を中心に学習を進めることを知る。 ○時間走と距離走の違いや学習方法を知る。 **長距離走の学習の準備をする** ○３人組を編制する。 　・協力し、励まし合いながら学習を進めるための役割分担をする。 ○学習カードの記入・活用方法を知る。 2 　・活動の結果を記録に残すことは、練習や達成目標・課題の設定につながることを知る。 **自分の能力に応じた時間走を選び、取り組む** 3 [時間走] ・３分間走または６分間走のどちらかを選択する。
整理運動	2分	○運動で使った部位をゆっくりとほぐす。
まとめ	6分	**本時の学習を振り返り、学習カードに記入する** ○本時の授業を通して、長距離走の特性について気付いたことを３人組で伝え合ってから、学習カードに記入する。 　→次時の学習内容を伝える。

1 長距離走の特性を踏まえた学習指導

　全ての生徒が、長距離走の特性に応じた楽しさや喜びを味わえるよう、本単元の学習を進めるに当たっては、次の2つの点を大切にした指導を進める。

①本単元は、より安全に楽しく走るという観点から、リラックスして合理的に走るための走法を身に付けることで、豊かなスポーツライフを実現する最適な運動となるランニングにつなげていく学習であること。

②本単元の学習は、決められた距離を仲間と速さを競って走れるか（競争型的学習）よりも、自分に適したペースで決められた時間にどれくらいの距離（目標距離）を走れるか（達成型的学習）を重視すること。

2 「もっとやってみたい」という意欲の高まりにつなげる学習カード

[声かけの例]

『競争ではありません。無理のないスピードで走りましょう』

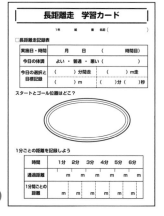

長距離走　学習カード

1年　　組　　番　名前（　　　）

□長距離走記録表

実施日・時間	月　　日　　（　　　　時間目）
今日の体調	よい ・ 普通 ・ 悪い （　　　　）
今日の選択と目標記録	（　　）分間走　（　　　）m走 （　　　）m　（　　）分（　　）秒

スタートとゴール位置はどこ？

1分ごとの距離を記録しよう

時間	1分	2分	3分	4分	5分	6分
通過距離	m	m	m	m	m	m
1分間ごとの距離	m	m	m	m	m	m

目標記録との差や1分ごとの距離の記録を、自己の目標や課題設定に生かすことができる。

学習カード ⬇

3 走力差による苦手意識等への工夫や配慮

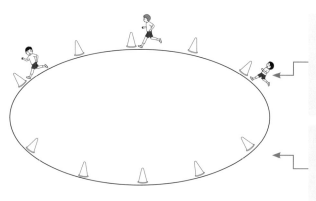

○200mトラックの20mごとにコーンを配置し、各自でスタート地点を決める。「他との差が気になる」といった抵抗感をもつ生徒に、「これならできそうだ」という意欲をもたせるような場づくりを工夫することが大切である。

○時間走に挑戦する際には、例えば、1組目を速い人が走るなど、走力差が大きくならないように工夫し、「遅くなるのが恥ずかしい」といった苦手意識を克服できるように配慮することが大切である。

本時案

リラックスしたフォームを身に付けて走ろう　2-3/6

本時の目標

①リラックスして走るための技術やポイントを理解し、フォームを身に付けることができるようにする。②提示された動きのポイントをもとに、自己や仲間の動きについて気付いたことを伝えることができるようにする。③よりよい動きを身に付けるための学習や練習に積極的に取り組むことができるようにする。

point 歩から急歩、走の動きの変化を加えた段階的な練習により、生徒の「やってみたい」という気持ちを引き出しながら、「分かった・できた」という知識や技能の習得につなげる。さらに、課題の発見・解決に向け、動きのポイントや課題を発見できるように、仲間の動きを観察する視点や参考資料を提示するなど、対話的な学びを促すための工夫をする。

評価のポイント

リラックスして走るための動きのポイントを言ったり、書き出したりしているか。腕に余分な力を入れないで、リズミカルに振って走ることができるか。提示された動きのポイントなどを参考に、自己や仲間の課題を見付け、課題や出来映えを伝えているか。

本時の展開

	時	生徒の学習活動と指導上の留意点
はじめ	5分	**集合・あいさつ** ○学習の流れやめあて等を確認し、2時間のまとまりで学習の見通しをもつ。
準備運動	2分	**本時の学習で使う身体の部位を十分に伸長する**
長距離走	35分	【第2時】 **走法の学習Ⅰ** 発問）「どうすればリラックスして走ることができますか」 ・腕振りの行い方やポイントを知る。 ・歩〜急歩〜走で走法（腕振り）の練習 **1** ・100m歩⇒100m急歩⇒100m走 ・200m急歩⇒200m走 ・400m急歩⇒400m走 **自己や仲間の動きを観察し、課題を発見する** ・腕の振りに焦点を当て、タブレット端末でフォームを撮影したり、提示した資料のポイントと比べたりしながら、互いの動きについて気付いたことを伝え合う。**2**　／　【第3時】 **3分間走に取り組む** ・仲間の動きを観察する視点を明確にするために、自己の課題や着目してほしい動きを仲間に伝える。 ・3人組の役割分担を確認する。 **仲間の課題や走り方について、気付いたことを伝え合う 2** ・提示された腕の振り方のポイントを参考に、仲間の走りを観察して気付いたことを伝え合う。 **6分間走の目標を設定し、取り組む** ・第1時や本時の3分間走の記録をもとに、目標記録を設定し、挑戦する。 ・3人組の役割分担を確認する。 ・仲間の走りを観察し、気付いたことを、相手の学習カードに記入する。
整理運動	2分	○運動で使った部位をほぐす。
まとめ	6分	**本時の学習を振り返り、学習カードに記入する** ○本時の活動を通して、自己の課題や走り方について気付いたことなどを3人組で伝え合ってから、個人の振り返りを行う。→次時の学習内容を伝える。

8 心身の機能の発達

9 柔道

10 心の健康

11 マット運動

12 跳び箱運動

13 長距離走

14 ネット型バレーボール

1 歩～急歩～走の段階的なスピードでの腕振りの練習

（例）100mごとにスピードを変えた練習

※200mトラックを半分に区切り、2つの練習の場を設定する。

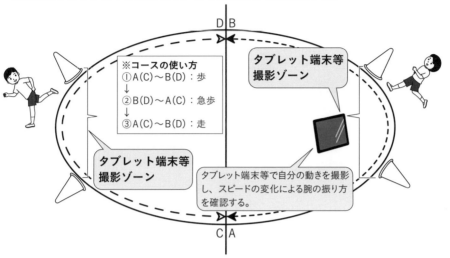

※コースの使い方
①A(C)～B(D)：歩
↓
②B(D)～A(C)：急歩
↓
③A(C)～B(D)：走

タブレット端末等撮影ゾーン

タブレット端末等撮影ゾーン

タブレット端末等で自分の動きを撮影し、スピードの変化による腕の振り方を確認する。

2 自己や仲間の課題や走り方について、気付いたことをまとめ、伝える学習カード

○フォーム（腕・腰）のポイントを構造的に示すことで、動きのイメージや仲間の動きへの着眼点が、より明確になる。

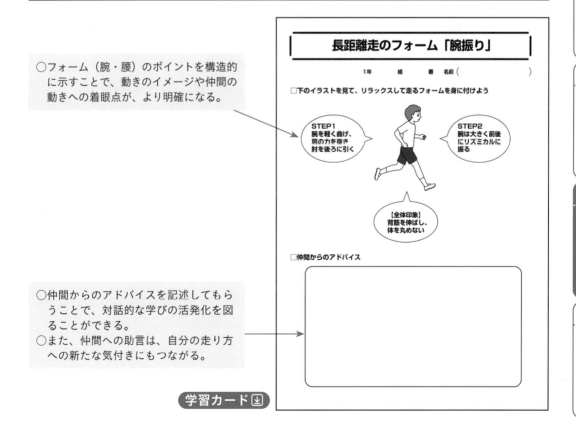

長距離走のフォーム「腕振り」

1年　　組　　番　名前（　　　　　　　　）

□下のイラストを見て、リラックスして走るフォームを身に付けよう

STEP1
腕を軽く曲げ、肩の力を抜き肘を後ろに引く

STEP2
腕は大きく前後にリズミカルに振る

[全体印象]
背筋を伸ばし、体を丸めない

□仲間からのアドバイス

○仲間からのアドバイスを記述してもらうことで、対話的な学びの活発化を図ることができる。
○また、仲間への助言は、自分の走り方への新たな気付きにもつながる。

学習カード⤓

本時案

自分に合ったピッチとストライドで、スピードを維持して走ろう

4-5/6

point　ピッチとストライドについて、短い距離での練習を繰り返し、仲間とポイントを確認し合うことで、「分かる・できる」をより実感できるようにする。また、見付けたピッチとストライドを活用して効率のよい走り方を身に付けるための課題解決に取り組ませたり、自分の役割を果たすことが大切であることを指導したりするなど、指導内容を関連付けた指導を進める。

本時の目標

①効率よく走るためのピッチやストライドについて理解するとともに、身に付けたフォームでスピードを維持して走ることができるようにする。②提供された練習方法から、適切な練習方法を選ぶことができるようにする。③仲間と協力して練習や課題解決に取り組むことができるようにする。

評価のポイント

自分に合ったピッチとストライドにより、効率のよいフォームでスピードを維持して走ることができるか。提供された練習方法から、自己の課題に応じた適切な練習方法を選んでいるか。

本時の展開

	時	生徒の学習活動と指導上の留意点
はじめ	5分	**集合・あいさつ** ○学習の流れやめあて等を確認する。 ○2時間のまとまりで、学習の見通しをもつ。
準備運動	2分	**本時の学習で使う身体の部位を十分に伸長する**
長距離走	35分	【第4時】 **走法の学習Ⅱ** 発問：「どうすれば、スピードを維持しながら気持ちよく走ることができますか」 ○ピッチ走法とストライド走法を知る。 **自分に合ったピッチとストライドを見付けて走る** ○60mの折り返しコースでピッチやストライドを変えて走る練習に取り組む。◀**1** →ピッチが速すぎたり、ストライドが大きくなりすぎたりすると、体の上下動で、疲労しやすくなることを伝える。 **自分に合ったピッチとストライドでスピードを維持した走りに挑戦する** ○6分間走または3分間走。 →自分に合ったピッチとストライドで、スピードを維持して走ることを伝える。　|　【第5時】 **記録を整理し、自己の課題を設定する** ○3分間走、6分間走の記録を比較し、スピードを維持するためのピッチとストライドについての課題を設定する。 →スピードを維持して気持ちよく走るための課題であることを示す。 **自己の課題に応じた練習方法を選び、取り組む**　◀**2** ○インターバル走。 「200mトラックを1周走り、半周歩く」を6回繰り返す。 ○ペース走。 1分間走を余裕あるペースで5回反復する。 →仲間の動きを観察する視点を提示し、練習や課題解決に協力して取り組めるよう支援する。
整理運動	2分	○運動で使った部位をゆっくりとほぐす。
まとめ	6分	**本時の学習を振り返り、学習カードに記入する** ○本時の活動を通して、自己の課題や走り方について気付いたことや学習の成果などを3人組で話し合ってから、個人の振り返りを行う。→次時の学習内容を伝える。

8 心身の機能の発達

9 柔道

10 心の健康

11 マット運動

12 跳び箱運動

13 長距離走

14 ネット型バレーボール

1 自分に合ったピッチとストライドを見付けるための練習

・60mの折り返しコースでピッチやストライドを変えて走る。

・折り返し点から10mのところに一定の間隔（1m〜1.5m）のラインを引く。

・ラインに合わせて走り抜け、気持ちよく走れる自分に合ったピッチとストライドを見付ける。

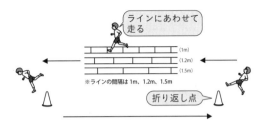

> ラインにあわせて走る

(1m)
(1.2m)
(1.5m)

※ラインの間隔は1m、1.2m、1.5m

> 折り返し点

2 提供された練習方法から、課題に応じた練習方法を選ぶ

練習方法① 「インターバル走」 学習カード⤓

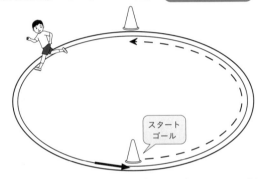

スタートゴール

○ポイント

> トラックを4分割して走る距離を変えたり、歩をジョギングに変えたりするなど、練習方法を工夫することもできる。

・1本目〜6本目のペース（あまり無理をしすぎない）を決めて練習する。

・トラック一周急走（200m）＋半周歩（100m）を6回繰り返す。

練習方法② 「ペース走」 学習カード⤓

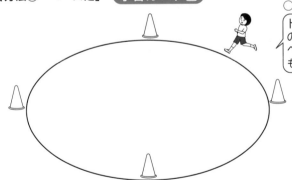

○ポイント

> トラックを4分割し、スタート・ゴールの位置を各自が決めることで、自分のペースを守って走れるような配慮や工夫もできる。

・1分間で走行する目標距離（余裕のあるペースで走る）を決めて練習する。

・1分間ペース走を5回反復する。

・30秒、1分ごとの走行距離をペース配分の参考にしながら練習する。

【学習を活発にするために】
仲間の動きを観察する視点を明確に提示することで、生徒同士の教え合いや励まし合いの活発化が図られるとともに、仲間と協力することの大切さへの気付きが促されるなど、積極的に学習に取り組む態度の育成にもつなげることができる。

本時案

目標タイムに向かって、身に付けたフォームで長距離走を楽しもう 6/6

中心活動における指導のポイント

point　設定した目標に近付けるよう仲間と協力して競争することにより、長距離走への意欲付けを図る。また、走力差に配慮した走順を工夫するなど、他者との競争よりも自己との競争や目標達成に意識を向けることができるようにする。レース後は、順位よりも仲間と協力してきた過程や取組を価値付けし、互いの挑戦を認め合える雰囲気づくりに配慮する。

本時の目標

　今までの学習で身に付けた知識や技能を生かして、仲間と協力しながらタイムレースに取り組むことができるようにする。

評価のポイント

　自己の能力に応じた目標タイムを意識して、長距離走を楽しむことができたか。

本時の展開

	時	生徒の学習活動と指導上の留意点
はじめ	5分	**集合・あいさつ** ○本時の学習のめあて等を確認する。 ○これまでの学習を通して学んだ技術やポイントを確認する。
準備運動 動きづくり	2分	**本時の学習で使う身体の部位を十分に伸長する**
長距離走	35分	**3000m（1000m×3人）申告レースの行い方を知る** 　3人組で行い、互いの申告タイム・レースタイムを管理する。レースの際は、ラップタイムを教えないようにして、タイムを計時する。合計タイムにおいて、申告タイムの合計との差が少ない3人組から1位となる。 **3000m（1000m×3人）申告レースを行う** ○**走る順番（組）を決める** 　→相手との走力差が大きくならないように、長距離走に自信のある者を1組目に、自信のない者を3組目にするなど、個々の走力差に配慮しつつ、競争する場面も意図的に設けるよう工夫する。 ○**3人組の目標タイム（申告タイム）を設定する** 　→意欲的な活動となるように、他との競争よりも自己との競争を意識させる。 ○**申告レースを行う** ▶1 　→記録をまとめ、順位を確認する。 　→仲間と協力する楽しさが記録を達成する喜びにつながっていることを理解できるようにしながら、互いの挑戦を認め合う雰囲気づくりに配慮する。
整理運動	2分	○運動で使った部位をゆっくりとほぐす。
まとめ	6分	**単元の学習を振り返り、学習カードに記入する** ▶2 ○これまでの学習を通して、自分に合った効率のよい走り方を身に付けて「楽に楽しく走る」ことができたかについて、3人組で話し合ってから個人の振り返りを行う。 　→本時で取り組んだタイムレースは、記録の向上に加え、仲間と競い合う側面もあったことを伝えながら、次学年ではペースの変化を中心とする距離走を通して、仲間と競走する楽しさを味わう学習を行うことを伝える。

1 　3000m（1000m×3人）申告レース

○申告レースの記録（例）　　　　学習カード⬇

		申告タイム	レースタイム	タイム差（秒）	順位
A	①	4：15	4：10	12	4
	②	4：30	4：32		
	③	5：05	5：00		
B	①	4：24	4：34	21	6
	②	4：30	4：24		
	③	4：50	4：55		
J	①	4：04	4：00	10	1
	②	4：20	4：26		
	③	4：55	4：55		

・3人組で行い、互いの申告タイムやレースタイムを計測・記録する。
・3人組での各自のタイム差を合計し、差の最も少ない組を1位とする。
・3人組で協力し、「協争」することで、長距離走の楽しさや仲間と協力する喜びを味わうことができるようにする。

2 　「指導と評価の一体化」を実現する学習カード

　学習カードの項目は、ねらいに応じた内容を短時間で記述できるようにしている。

　カード内の○数字は、授業時間を示している。基本的には各授業の振り返りの時間で記述する。また、単元のまとめ（第6時）で、これまでの学習を整理しながら、必要に応じて生徒が加筆することにより、総括的な評価に生かすこともできるようにする。

【学習カードの項立て】
習得・活用した知識の内容や発見した課題の内容、練習方法を選んだ根拠や理由などを記述させることは、学習評価の妥当性を高めることにつながる。

学習カード⬇

1年生　長距離走　学習カード

1年　　　組　　　番 名前（　　　　　　　　　　）

□学習テーマ
　「楽に楽しく走る」
□学習の目標
　○長距離走の特性及び技術の名称や行い方、ポイントなどを理解する。（知識）
　○リラックスしたフォームでスピードを維持して走る。（技能）
　○動きのポイントを参考に、自分や仲間の課題を見付け、伝える。（思考力、判断力、表現力等）
　○自分の課題に応じた適切な練習方法を選ぶ。（思考力、判断力、表現力等）
　○長距離走の学習に積極的に取り組む。（学びに向かう力、人間性等）
　○自分たちで決めた役割を果たす。（学びに向かう力、人間性等）

□知識　　　　　　　※学んだことを具体的に記入　　　　　　　※付け足し

①長距離走の特性		
②長距離走の走法（腕振り）		
③長距離走の走法（ストライド・ピッチ）		

□思考・判断・表現

②③リラックスしたフォームで走るためのポイントや課題

④⑤スピードを維持して走るためのポイントや課題	選んだ練習方法とその理由

□主体的に学習に取り組む態度

③練習や課題への取組	⑤分担した役割の取組

□単元の振り返り
⑥「楽しく楽に走ること」はできましたか。
　〜できたことやできそうになったことは何ですか〜

学習カード⬇

右側サイドタブ：
8 心身の機能の発達
9 柔道
10 心の健康
11 マット運動
12 跳び箱運動
13 長距離走
14 ネット型バレーボール

第6時
169

球技

14 ネット型：バレーボール

10時間

単元の目標

(1)次の運動について、勝敗を競う楽しさや喜びを味わい、球技の特性や成り立ち、技術の名称や行い方、（その運動に関連して高まる体力）（など）を理解するとともに、基本的な技能や仲間と連携した動きでゲームを展開することができるようにする。

単元計画（指導と評価の計画）

1・2時（導入）	3〜5時（展開①）
本単元の学習内容を理解し、単元の見通しがもてるようにする。	ボール操作の基本となる動きを身に付け、ラリーが続く楽しさを味わう。
1・2　ゲームの行い方を知ろう POINT：これまで学習してきたネット型ゲームの学習を振り返り、本単元で取り扱う学習内容やメインゲームで用いる基本的な技能を確認する。 **[主な学習活動]** ○集合・あいさつ・用具準備 ○単元の目標や学習の道筋の確認 ○準備運動 ○整理運動 ○グループ編成 ○ドリルサーキット（オーバーハンドパス、アタックのドリル練習）の説明と練習 ○試しのゲーム（メインゲーム②）に取り組む ○学習の振り返り（グループ、全体）	**3〜5　基本的な技能を身に付け、ラリーを続けるゲームをしよう** POINT：ゲームに必要な基本的なボール操作やボールを持たないときの動きが習得できるよう、個人やチームで課題に取り組む。 **[主な学習活動]** ○集合・あいさつ・用具準備 ○本時の目標や学習の道筋の確認 ○準備運動 ○ドリルサーキット（オーバーハンドパス、アタックのドリル練習） ○タスクゲーム①（オーバーハンドパスを使ってアタックしよう） ○メインゲーム①(協同的ラリーゲーム) 　相手チームからの投げ入れサーブから、自チーム内で3段攻撃を組み立て、仲間チームとラリーを続ける。 ○整理運動 ○学習の振り返り（グループ、全体）
[評価計画] 知① 態②	[評価計画] 知② 技①④ 思①

単元の評価規準

知識・技能	
○知識 ①球技には、集団対集団、個人対個人で攻防を展開し、勝敗を競う楽しさや喜びを味わえる特性があることについて、言ったり書き出したりしている。 ②球技の各型の各種目において用いられる技術には名称があり、それらを身に付けるためのポイントがあることについて、学習した具体例を挙げている。	○技能 ①味方が操作しやすい位置にボールをつなぐことができる。 ②相手側のコートの空いた場所にボールを返すことができる。 ③プレイを開始するときは、各ポジションの定位置に戻ることができる。 ④ボールを打ったり受けたりした後、ボールや相手に正対することができる。

イ　ネット型では、ボールや用具の操作と定位置に戻るなどの動きによって空いた場所をめぐる攻防をすることができるようにする。

知識及び技能

(2)攻防などの自己の課題を発見し、合理的な解決に向けて運動の取り組み方を工夫するとともに、自己や仲間の考えたことを他者に伝えることができるようにする。

思考力、判断力、表現力等

(3)（球技に積極的に取り組むとともに）、（フェアなプレイを守ろうとすること）、（作戦などについての話合いに参加しようとすること）、（一人一人の違いに応じたプレイなどを認めようとすること）、仲間の学習を援助しようとすること（など）や、健康・安全に気を配ることができるようにする。

学びに向かう力、人間性等

6〜8時（展開②）	9・10時（まとめ）
ボール操作とコート内での動きによって、空いた場所をめぐる攻防を楽しむ。	クライマックス戦で、総当たりでのゲームを楽しむ。
6〜8　相手コートの空いた場所への攻撃を中心としたゲームをしよう POINT：得点を取るために、相手コートの空いている場所に返すためにはどうすればよいかを考え、チームで3段攻撃を組み立てる。 [主な学習活動] ○集合・あいさつ・用具準備 ○本時の目標や学習の道筋の確認 ○準備運動 ○ドリルサーキット（ペアでのオーバーハンドパス、アタックのドリル練習） ○タスクゲーム②（相手からの投げ入れサーブから、自チーム内で3段攻撃を組み立てる） ○メインゲーム②（競争的ゲーム） 　相手のアンバーハンドサーブから、自チーム内で3段攻撃を組み立てる。 ○整理運動 ○学習の振り返り（グループ、全体）	**9・10　クライマックス戦で、総当たりのゲームを楽しもう** POINT：クライマックス戦に向けて、チームの課題に応じた練習の方法を選択して練習し、チームで考えた作戦を実行することができるようにする。 [主な学習活動] ○集合・あいさつ・用具準備 ○本時の目標や学習の道筋の確認 ○準備運動 ○チーム練習 ○メインゲーム②（競争的ゲーム）のクライマックスリーグ戦（総当たり戦） ○整理運動 ○学習の振り返り（グループ、全体）
[評価計画] 技② 思② 態①	[評価計画] 技③ 思③

思考・判断・表現	主体的に学習に取り組む態度
①提示された動きのポイントやつまずきの事例を参考に、仲間の課題や出来映えを伝えている。 ②仲間と協力する場面で、分担した役割に応じた活動の仕方を見付けている。 ③提供された練習方法から、自己やチームの課題に応じた練習方法を選んでいる。	①練習の補助をしたり仲間に助言したりして、仲間の学習を援助しようとしている。 ②健康・安全に留意している。

8 心身の機能の発達

9 柔道

10 心の健康

11 マット運動

12 跳び箱運動

13 長距離走

14 ネット型 バレーボール

本時案

ゲームの行い方を知ろう

中心活動における指導のポイント

point ネット型ゲームとは、コート上でネットをはさんで相対し、体や用具を操作してボールを空いている場所に返球し、一定の得点に早く到達することを競い合うゲームである。中でもバレーボールは、自分のチーム内で守備から攻撃へとつなぐ連携プレイ型に分類されている。この連携プレイを、ネット型の戦術的課題とし、単元を通して基本的な技能を身に付けるとともに、戦術的課題についても理解できるようにすることをねらいに、授業を進めていく。

本時の目標

単元の学習の進め方を理解し、メインゲームの行い方を知り、楽しくゲームをすることができるようにする。

評価のポイント

単元の進め方とメインゲームの行い方を知り、バレーボールの特性について言ったり、書き出したりしているか。

本時の展開

	時	生徒の学習活動と指導上の留意点
はじめ	3分	**集合・あいさつ・コートの準備** ○チームごとに整列する。 ■1 ○本時の学習内容を知り、チームごとにコートと用具の準備をする。
準備運動	15分	**準備運動・ゲームにつながる運動をする** ○手首、膝、肩関節などを動かす準備運動を行う。 ○ドリルサーキットの行い方を理解する。 ■2
試しのゲーム	25分	**試しのゲーム（ファーストキャッチバレー）をする** 単元の後半から取り組むゲームを仲間チームと行い、必要な技能や戦術的課題について理解する。 **(1)ゲームの行い方を知る** ■3 ○コートや得点の仕方、ルールを知る。 ○自分のチームや対戦相手のチームを確認する。 **(2)試しのゲームをする** ○1ゲーム4分のゲームを2回行う。 ○相手コートで2バウンド以上したら、得点となる。 ○コート内にいる3人全員がボールに触ってから、相手コートに返球する 　（1、2回での返球は相手の得点）。 ○下手から易しいボールを投げ入れてゲームを始める。 ○審判はコート外にいる人がセルフジャッジで行う。 **(3)ゲームの勝敗を確認し、用具を片付ける** ○整列、勝敗の確認、あいさつをする。 ○ゲームが終わったら、チームで必要な技能や戦術的課題について話し合う。 ○チームで勝敗を確認し、学習カードに記入する。
整理運動	2分	**使ったところをゆったりとほぐす**
まとめ	5分	**クラス全体で本時の学習について振り返る** ①メインゲームで必要となった技能について確認する。 ②チームごとに、自チームの課題を話し合い、発表する。 ③次時の学習予定を知る。

1 チーム編成の仕方

○**チーム間均等な編成を意識する**
・練習や活動の場（３〜４コートを想定）、見学者（欠席者）を考慮し、１チーム４〜６人編成で教師があらかじめ決めておく。
・メンバーは、チームの力、人間関係、配慮を要する生徒等を考慮して編成する。
○**チームの意識を高める工夫**
・チームの名前を自分たちで決め、ゼッケンを着る。
・チームごとに役割（キャプテン、記録、審判、用具、応援）を決める。
・２グループで１組の仲間チームをつくっておくと、チーム同士での練習や教え合いの場が提供でき、仲間チームの観察、応援などの活動に取り組みやすい。

2 ゲームにつながる運動（ドリルサーキット）

○**ボールを使った技能の練習を毎時間行い、技能向上を目指す**
・単元全体を通してその進歩が継続的に確認できるように、学習カードに連続回数などを記録させる。
・単元前半と後半の３時間程度で課題を発展的に変更する。
・１つの場につき１分程度で行い、30秒の移動時間を設ける。これを繰り返し４回行い、約６分間の活動を音楽を流しながら行う。音の切り替えで自ら移動できるようにする。

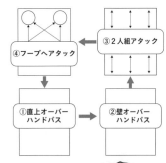

①直上オーバーハンドパス（膝や肘を使ってボールをコントロールする）。
②壁オーバーハンドパス（壁にラインを引き、一定の高さを意識させる）。
③２人組アタック（肘を上げて片手で床にアタックし、掌にボールを当てるミート練習）。
④フープへアタック（新聞紙ボールを使って、手首のスナップを効かせる練習）。

3 試しのゲームの行い方

※試しのゲームでは、「キャッチレシーブ→トス→アタック」の３段攻撃を意図的に実行できるよう、１本目のレシーブをキャッチ可としたゲームを行う。

○**試しのゲーム（メインゲーム②：競争的ゲーム）**

・１チーム３人対３人で行う。
・１ゲーム４分で行う。
・バドミントンコートの外側ラインをコートとする。
・サーブは、決められた相手（対角の人など）に下手からの投げ入れる。
・１人１回必ずボールに触る。
・キャッチレシーブは、ワンバウンドまで可。それ以外のプレーはワンバウンド不可。
・ゲーム終了時点で、得点の多いチームが勝ち。

※ネットの高さは180〜190cm程度、バドミントンコートを使用。
※ボールは、ポリウレタンやスポンジなど、やわらかいものや軽いものを使うと誰でも楽しめる。

8 心身の機能の発達
9 柔道
10 心の健康
11 マット運動
12 跳び箱運動
13 長距離走
14 ネット型 バレーボール

本時案

基本的な技能を身に付け、ラリーを続けるゲームをしよう

本時の目標

ラリーゲームの行い方を知り、楽しくゲームをすることができるようにする。

評価のポイント

味方が操作しやすい位置にボールをつなぐことができ、提示された動きのポイントを仲間に伝えることができたか。

point ゲームに必要な技能が習得できるよう、個人やチームで課題に取り組む。本単元では「オーバーハンドパス（トス）からのアタック」を学習内容とし、単元前半ではラリーを続ける楽しさを味わうために、ラリーゲームを仲間チームと行う。その際に、何回ラリーが続いたかを記録し、他の仲間チームと回数を競争したり、第3〜5時で回数が何回増えたかを記録したりして、記録の向上を目指す。

本時の展開

	時	生徒の学習活動と指導上の留意点
はじめ	8分	**集合・あいさつ・コートの準備** ○チームごとに整列する。 ○本時の学習内容を知る。 ○チームごとにコートと用具の準備をする。
準備運動	10分	**準備運動・ゲームにつながる運動をする** ○手首、膝、肩関節などを動かす準備運動を行う。 ○ドリルサーキットを行う。
タスクゲーム① メインゲーム①	25分	**タスクゲーム①をする** **(1)タスクゲーム①の行い方を知る** **1** ○コートの使い方や交代の仕方を知り、1ゲーム3分で行う。 **(2)ゲームをする** ○下手投げボールをセッターに投げる→セッターはアタッカーへトス→アタッカーは相手コート内へアタックする。 ○アタックが相手コート内に入ると1点とする。 **メインゲーム①（協同的ラリーゲーム）をする** **(3)メインゲーム①の行い方を知る** **2** ○コートの使い方や交代の仕方を知り、1ゲーム4分で行う。 **(4)ゲームをする** ○自チームで3段攻撃を組み立て、仲間チームとラリーを続ける。 ○時間内に何回続けてラリーができたかを数える。 **(5)ゲームの勝敗を確認し、用具を片付ける** ○整列、回数の確認、あいさつをする。 ○チームで回数を確認し、学習カードに記入する。
整理運動	2分	**使ったところをゆったりとほぐす**
まとめ	5分	**クラス全体で本時の学習について振り返る** ①回数を確認し、記録表に記入する。 ②チームごとに、今日の「がんばりマン」を発表する。 **3** ③次時の学習予定を知る。

8 心身の機能の発達

9 柔道

10 心の健康

11 マット運動

12 跳び箱運動

13 長距離走

14 ネット型バレーボール

1 タスクゲーム①の行い方

○**オーバーハンドパスを使ってアタックをする**

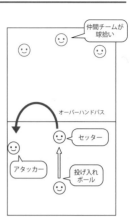

・ゲーム性をもたせたタスクゲームをチーム対抗で行う。

・安定したボールをセッターに返球するため、レシーバーはセッターの頭上に放物線を描くボールを投げ上げる。セッターは、体の向きを変えながらアタッカーにトスを上げる。

・アタッカーは上げられたトスを相手コート内にアタックし、コート内に入れば1点とする。

○**メインゲームに必要な基本的な技能であることを意識させる工夫**

・セッターは投げられたボールに対して、体の向きを90°変えてトスする。

・オーバーハンドパスでは、ボールの落下点に入り、掌の形を三角形にしてボールを包み込むようにして肘と膝を使って上げると、アタッカーが打ちやすいトスを上げることができることを伝える。

・仲間チームとペアを組み、自分や仲間の課題や出来映えを教え合う。

2 メインゲーム①（協同的ラリーゲーム）の行い方

・安定したボールをセッターに返球することができるように、自チーム内での1回目の触球（ファーストタッチ）のみキャッチを認め、オーバーハンドパスからのアタックが数多く出現するように工夫したゲームを行う。

・「キャッチレシーブ→トス→アタック」の3段攻撃を意図的に実行できるようにし、仲間チームとラリーを続けることができるよう、相手がつなぎやすいところへボールを返球する。

○**メインゲーム①（協同的ラリーゲーム）**

・1チーム3人対3人で行う。

・1ゲーム4分で行う。

・バドミントンコートの外側ラインをコートとする。

・サーブは、決められた相手（対角の人など）に下手からの投げ入れる。

・1人1回必ずボールに触る。

・キャッチレシーブは、ワンバウンドまで可。それ以外のプレーはワンバウンド不可。

・メンバー全員が出場できるようラリーが切れるごとにローテーションし、交代でコート内に入るようにする。

・終了時点で、ラリー回数の多い仲間チームが勝ち。

※ラリーを続けるためには、相手がパスしやすいところに返すことを意識させる。ボールを打ったり受けたりした後、ボールや相手のほうに体を向けさせる。

※飛んでくるボールのコースを見極め、落下点に素早く入る。

3 振り返りでチームの「がんばりマン」を決める

○**今日の練習やゲームで頑張っていたチームメイトを決め、発表する**

・技能が高いだけではなく、応援の声やアドバイスをしてくれたなど、チームにとってよい行いをしてくれた人を見付けられるようにし、互いに認め合う雰囲気をつくる。

本時案

相手コートの空いた場所への 6-8/10 攻撃を中心としたゲームをしよう

本時の目標

　相手コートの空いた場所を見付けて攻撃できるよう、チームで3段攻撃を組み立てることができるようにする。

評価のポイント

　仲間と協力し、3段攻撃が組み立てられるよう役割に応じた活動の仕方を見付けているか。

本時の展開

	時	生徒の学習活動と指導上の留意点
はじめ	8分	**集合・あいさつ・コートの準備** ○チームごとに整列する。 ○本時の学習内容を知る。 ○チームごとにコートと用具の準備をする。
準備運動	10分	**準備運動・ゲームにつながる運動をする** ○手首、膝、肩関節などを動かす準備運動を行う。 ○ドリルサーキットを行う。 **1**
タスクゲーム②	25分	**タスクゲーム②をする** (1)**タスクゲーム②の行い方を知る** **2** ○コートの使い方や交代の仕方を知り、1ゲーム3分で行う。 (2)**ゲームをする** ○仲間チーム（2人）が相手コートに入り下手からボールを投げ入れてもらい、自チームで3段攻撃を組み立て攻撃する。 ○相手チームが触らずに相手コート内にボールが入ると1点。 **メインゲーム②（競争的ラリーゲーム）をする** (3)**メインゲーム②の行い方を知る** **3** ○コートの使い方や交代の仕方を知り、1ゲーム4分で行う。 (4)**ゲームをする** ○自チームで3段攻撃を組み立て、相手コートの空いている場所へボールを落とす。 ○2バウンド以上でボールを落としたら1点とする。 (5)**ゲームの勝敗を確認し、用具を片付ける** ○整列、勝敗の確認、あいさつをする。 ○チームで勝敗を確認し、学習カードに記入する。
メインゲーム②		
整理運動	2分	**使ったところをゆったりとほぐす**
まとめ	5分	**クラス全体で本時の学習について振り返る** ①回数を確認し、記録表に記入する。 ②チームごとに、今日の「がんばりマン」を発表する。 ③次時の学習予定を知る。

1 ゲームにつながる運動（ドリルサーキット）

○単元後半では生徒の技能の習得状況を確認しながら、ドリルの内容を発展させる

①三角オーバーハンドパス（3人～4人で横方向にパスし、方向を変える動きを意識する）。

②ペアオーバーハンドパス（2人でネットを挟んで相対し、相手の動きに合わせてパスをする）。

③2人組アタック（肘を上げて、掌にボールを当てるミート練習）。

④フープへアタック（手首のスナップを効かせる練習）。

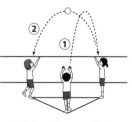

三角オーバーハンドパス

2 タスクゲーム②の行い方

○相手からの投げ入れサーブから、自チーム内で3段攻撃を組み立てる

・自チーム3人、仲間チーム2人が入り、ゲーム性をもたせ、チーム対抗で行う。

・仲間チーム（2人）の下手から投げ入れたサーブから、3段攻撃を組み立ててアタックする（タスクゲーム①の発展）。

・1ゲーム3分とし、仲間チームの2人がボールに触ることなく、相手コート内にボールが入ると1点。

・相手コート内の空いた場所を見付けて、アタックできるようにする。

・相手コート内に返球できた本数を記録表に記入し、チームの課題を確認する。

タスクゲーム② 記録表

学習カード ⬇

/ 3段攻撃を行ったとき
P アタックが相手コート内にノータッチで入ったとき

日付		例	小計		合計		（成功率）%
	前半	/ / / P P / / / /	アタック 3 段攻撃	3 7	アタック	7	（アタック/3 段攻撃） ×100 412%
	後半	P P / P P / / / /	アタック 3 段攻撃	4 10	3 段攻撃	17	
	前半		アタック 3 段攻撃		アタック		
	後半		アタック 3 段攻撃		3 段攻撃		

3 メインゲーム②（競争的ゲーム）の行い方

・「キャッチレシーブ→トス→アタック」の3段攻撃を意図的に実行できるようにする。

・発展として、ラリーを切る（相手コートにボールを落とす）ことをねらいとしたゲームを行う。

○メインゲーム②（競争的ゲーム）

・1チーム3人対3人で、時間は4分で行う。

・バドミントンコートの外側ラインをコートとする。

・サーブは、決められた相手（対角の人など）に下手から投げ入れる。

・1人1回必ずボールに触る。

・キャッチレシーブは、ワンバウンドまで可。それ以外はワンバウンド不可。

・メンバー全員が出場できるようラリーが切れるごとにローテーションし、交代でコート内に入るようにする

・終了時点で、得点が多いチームが勝ち。

※相手コートの空いた場所をねらうために、打つ前に相手コートを見て、人がいない場所に返球する。

※タスクゲームでチームの課題を確認し、レシーバー、セッターなど、どこに課題があるのかチームで確認し、ゲームに生かす。

8 心身の機能の発達

9 柔道

10 心の健康

11 マット運動

12 跳び箱運動

13 長距離走

14 ネット型バレーボール

第6-8時
177

本時案

クライマックス戦で、総当たりのゲームを楽しもう

本時の目標

チームの課題を考え、チームに合った練習や作戦を考えて実行できるようにする。

評価のポイント

提供された練習方法から、チームの課題に応じた練習方法や作戦を選んでいるか。

中心活動における指導のポイント

point　クライマックス戦として総当たりのリーグ戦を行う。星取表を作成し、ゲーム終了ごとに結果を記入できるような掲示物を用意する。また、祭典性をもたせ、チーム応援旗を作ったり、円陣（声かけ）などをチームで考えたりして、スポーツイベントとして楽しむことも大切である。さらに、最終試合後は、順位を報告するだけでなく、全チームを表彰できるようフェアプレイ賞やチームワーク賞などを評価する取組も生徒の意欲向上につながる。

本時の展開

	時	生徒の学習活動と指導上の留意点
はじめ	3分	**集合・あいさつ・コートの準備** ○チームごとに整列する。 ○本時の学習内容を知る。 ○チームごとにコートと用具の準備をする。
準備運動	7分	**準備運動をする** ○手首、膝、肩関節などを動かす準備運動を行う。
チーム練習 総当たり戦 （メインゲーム②）	30分	**チーム練習をする** **(1)チーム練習の行い方を知る** 1 ○仲間チームと協力して1つのコートで行い、時間は10分とする。 ○3段攻撃練習、トス練習、アタック練習から選択する。 **クライマックス戦の総当たりゲームをする** **(2)総当たりゲーム（メインゲーム②）の行い方を知る** 2 ○コートの使い方や交代の仕方を知る。 ○1ゲーム5分で行い、全てのチームと対戦する。 **(3)ゲームをする** ○投入れサーブから、自チーム内で3段攻撃を組み立て、相手コートの空いている場所へボールを落とす。 ○2バウンド以上でボールを落としたら1点とする。 ○ノータッチでアタックが決まったら1点を加える工夫をする。 **(4)ゲームの勝敗を確認し、用具を片付ける** ○整列、勝敗の確認、あいさつをする。 ○チームで勝敗を確認し、学習カードに記入する。
整理運動	2分	**使ったところをゆったりとほぐす**
まとめ	8分	**クラス全体で本時の学習について振り返る** ①勝敗を確認し、勝敗表に記入する。 ②チームごとに、今日の「がんばりマン」を発表する。 ③総当たり戦の結果に基づき、表彰式を行う。 ④本単元の学習のまとめをする。

8 心身の機能の発達

9 柔道

10 心の健康

11 マット運動

12 跳び箱運動

13 長距離走

14 ネット型バレーボール

1 チーム練習の行い方

○**これまでの学習で課題となった練習ができるように、練習方法を提示する**

- ・３段攻撃練習：相手コートからボールを投げ入れ、自チームで３段攻撃（キャッチレシーブ→トス→アタック）を組み立てる練習。
- ・トス練習：レシーバーがトスをセッターに投げ入れ、オーバーハンドパスでトスを上げる練習。
- ・アタック練習：セッターがボールを投げ上げトスを上げ、アタックを相手コートに打つ練習。

○**チーム練習では、攻撃や守備の作戦も考える**

- ・チームの作戦を攻撃と守備に分けて考えさせるため、作戦シートを配布する。作戦はいくつか例を挙げて掲示すると、作戦を立てやすくなる。

> ※チーム練習に入る前に、これまでのゲームからチームの課題について話し合う時間を設ける。
> ※本単元で使用したタスクゲーム①②やメインゲーム①を練習としてもよい。
> ※提示した練習方法からチームの課題に合った練習方法を選択できているか確認する。

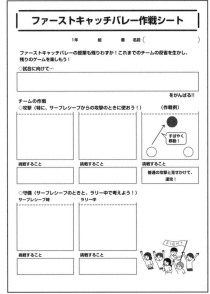

学習カード⤓

2 クライマックス戦の総当たりゲームをする

○仲間チームも含め、全てのチームと対戦できるように組合せを考える。
○ゲーム前と後には作戦タイムを設け、作戦が実行できているか確認させる。
○応援旗を作ったり、円陣や応援の声かけを決め、クライマック戦に挑む意欲を高める。

3 本単元の学習のまとめ

○表彰式では順位の発表だけではなく、フェアプレイ賞、チームワーク賞、応援賞、サポート賞など、全てのチームが表彰されるようにすると、生徒の意欲を高めることができる。
○他のクラスと対戦する学年対抗戦を開催し、自分たちで大会運営を行うことで「する・見る・支える・知る」の多様な関わりを経験することができ、主体性を育むことができる。

編著者・執筆者紹介

[編著者]

森　良一
東海大学教授

栃木県教員、栃木県教育委員会等を経て、2008年4月より文部科学省、スポーツ庁の教科調査官として学習指導要領及び解説作成編集を担当する。2018年4月より現職。専門は、保健科教育、健康教育で日本保健科教育学会、日本学校保健学会、日本体育・スポーツ・健康学会等に所属している。大学では保健体育科教育法１、保健体育科教材論等を担当し、保健体育の教員養成や研究者育成に力を入れている。

石川　泰成
埼玉大学教授

埼玉県公立中学校教員、埼玉大学教育学部附属中学校教諭、副校長、埼玉県教育委員会、文部科学省教科調査官、埼玉県公立小学校長、埼玉県教育委員会を経て、2022年4月より現職。専門は体育科教育、日本体育・スポーツ・健康学会、日本体育科教育学会、日本スポーツ教育学会等に所属している。大学では、中等保健体育科指導法、体つくり運動、教科指導の課題探求（大学院）等を担当し、保健体育科の教員養成や教師教育に力を入れている。

高橋　修一
日本女子体育大学教授

山形県公立高等学校教員、山形県教育委員会を経て、2014年から文部科学省、スポーツ庁の教科調査官として学習指導要領及び解説作成編集を担当する。2019年から現職。専門は体育科教育で、日本体育・スポーツ・健康学会、日本体育科教育学会、日本スポーツ教育学会等に所属している。大学では、体育科教育法１、教育実習、教職実践演習、女性と仕事等を担当し、保健体育科の教員養成に力を入れている。

[分野・領域担当編著者]

清田　美紀	広島県東広島市教育委員会指導主事	体つくり運動
三田部　勇	筑波大学准教授	体つくり運動
後藤　晃伸	中京大学准教授	体つくり運動
岩佐　知美	高槻市立阿武野中学校長	器械運動
日野　克博	愛媛大学教授	陸上競技
細越　淳二	国士舘大学教授	陸上競技
大越　正大	東海大学教授	水泳
須甲　理生	日本女子体育大学准教授	球技（ゴール型）
荻原　朋子	順天堂大学准教授	球技（ネット型）
千田　幸喜	二戸市立金田一中学校長	球技（ベースボール型）
與儀　幸朝	鹿児島大学講師	武道（柔道）
柴田　一浩	流通経済大学教授	武道（剣道）
栫　ちか子	鹿屋体育大学講師	ダンス
木原　慎介	東京国際大学准教授	体育理論
森　良一	東海大学教授	保健

[執筆者]

		[執筆箇所]
木原　慎介	東京国際大学准教授	単元1
清田　美紀	広島県東広島市教育委員会指導主事	単元2
細越　淳二	国士舘大学教授	単元3／単元4
須甲　理生	日本女子体育大学准教授	単元5
淺井　雄輔	札幌市立陵北中学校教諭	単元6
大庭　昌昭	新潟大学准教授	単元7
白川　敦	札幌市立中の島中学校教諭	単元8
與儀　幸朝	鹿児島大学講師	単元9
飯嶋　孝行	札幌市立向陵中学校教諭	単元10
岩佐　知美	高槻市立阿武野中学校長	単元11
村上　千恵	高槻市立第九中学校教諭	単元12
米沢谷　修	秋田県教育庁保健体育課指導主事	単元13
荻原　朋子	順天堂大学准教授	単元14

『イラストで見る全単元・全時間の授業のすべて　保健体育　中学校1年』付録資料について

本書の付録資料は、東洋館出版社ホームページ内にある「マイページ」からダウンロードすることができます。なお、本書のデータを入手する際には、会員登録および下記に記載しているユーザー名とパスワードが必要になります。入手の方法は以下の手順になります。

【東洋館出版社 HP】

URL https://www.toyokan.co.jp　　　東洋館出版社　検索

❶「東洋館出版社」で検索して、「東洋館出版社オンライン」へアクセス

❷ 会員者はメールアドレスとパスワードを入力後「ログイン」。非会員者は必須項目を入力後「アカウント作成」をクリック

❸ マイアカウントページにある「ダウンロードギャラリー」をクリック

❹ 対象の書籍をクリック。下記記載のユーザー名、パスワードを入力

ユーザー名：taiiku01
パスワード：UGqd4XFN

【使用上の注意点および著作権について】

・リンク先にはパソコンからアクセスしてください。スマートフォンではファイルが開けないおそれがあります。
・PDFファイルを開くためには、Adobe AcrobatまたはAdobe Readerがインストールされている必要があります。
・PDFファイルを拡大して使用すると、文字やイラスト等が不鮮明になったり、線にゆがみやギザギザが出たりする場合があります。あらかじめご了承ください。
・収録されているファイルは、著作権法によって守られています。
・著作権法での例外規定を除き、無断で複製することは法律で禁じられています。
・収録されているファイルは、営利目的であるか否かにかかわらず、第三者への譲渡、貸与、販売、頒布、インターネット上での公開等を禁じます。
・ただし、購入者が学校での授業において、必要枚数を生徒に配付する場合は、この限りではありません。ご使用の際、クレジットの表示や個別の使用許諾申請、使用料のお支払い等の必要はありません。

【免責事項・お問い合わせについて】

・ファイル使用で生じた損害、障害、被害、その他いかなる事態についても弊社は一切の責任を負いかねます。
・お問い合わせは、次のメールアドレスでのみ受け付けます。tyk@toyokan.co.jp
・パソコンやアプリケーションソフトの操作方法については、各製造元にお問い合わせください。

イラストで見る　全単元・全時間の授業のすべて

保健体育 中学校 1 年
〜令和 3 年度全面実施学習指導要領対応〜

2022(令和 4) 年 3 月25日　初版第 1 刷発行
2023(令和 5) 年 6 月16日　初版第 2 刷発行

編　著　者：森良一・石川泰成・高橋修一
発　行　者：錦織　圭之介
発　行　所：株式会社東洋館出版社
　　　　　　〒101-0054　東京都千代田区神田錦町 2 丁目 9 番 1 号
　　　　　　　　　　　　コンフォール安田ビル 2 階
　　　　　代　　表　電話 03-6778-4343　FAX 03-5281-8091
　　　　　営 業 部　電話 03-6778-7278　FAX 03-5281-8092
　　　　　振　　替　00180-7-96823
　　　　　Ｕ　Ｒ　Ｌ　https://www.toyokan.co.jp

印刷・製本：藤原印刷株式会社

装丁デザイン：小口　翔平＋後藤　司（tobufune）
本文デザイン：藤原印刷株式会社
イラスト：株式会社オセロ

ISBN978-4-491-04784-3　　　　　　　　　　Printed in Japan